쓸모 있는 음악책

Dr. Pops musikalische Sprechstunde: Warum Musik uns attraktiver macht, Konzertbesucher länger leben und Ohrwürmer besser sind als ihr Ruf by Markus Henrik
© 2021 by Wilhelm Heyne Verlag, a division of Penguin Random House Verlagsgruppe GmbH, München
Korean Translation ⓒ 2022 by WhaleBook
All rights reserved.
The Korean language edition published by arrangement with Penguin Random House Verlagsgruppe GmbH, Germany through MOMO Agency, Seoul.

이 책의 한국어판 저작권은 모모 에이전시를 통해 Penguin Random House Verlagsgruppe GmbH 사와의 독점 계약으로 '웨일북'에 있습니다.
저작권법에 의해 한국 내에서 보호를 받는 저작물이므로 무단전재와 무단복제를 금합니다.

쓸모 있는 음악책

내 삶을 최적화하는 상황별 음악 사용법

마르쿠스 헨리크 지음
강희진 옮김

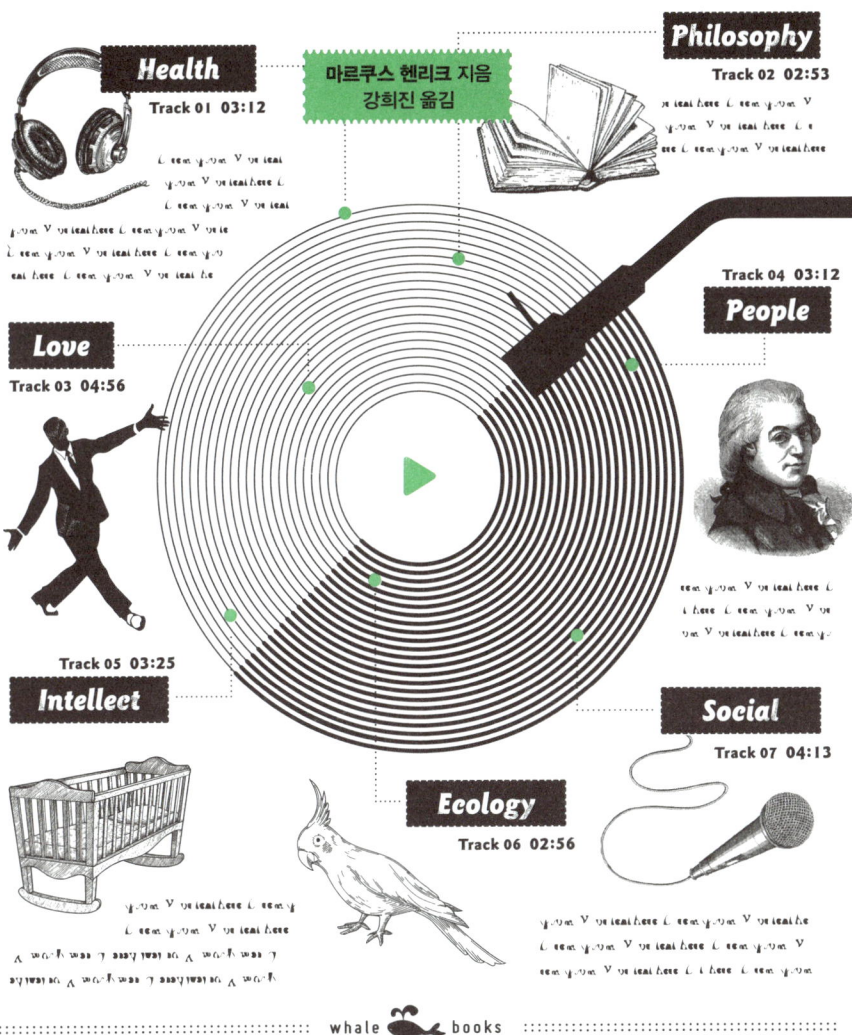

whale books

추천의 글
듣는 것만으로
변화할 수 있다

　30년 전, 그러니까 대학원 석사 과정에 들어갈 때 내 꿈은 음악 심리학자였다. 음악에 관한 책의 추천사를 쓰니 당연히 그렇게 이야기할 수 있지 않겠냐고 반문하고 싶다면, 지금 당장 검색창에 '이조移調된 선율의 재인에 있어서 키key간 거리의 효과'라고 입력해 보시라. 1995년 나의 이름으로 게재된 석사 학위 논문을 볼 수 있을 것이다. 제목은 조금 어렵게 느껴질 수 있지만, 사실 노래방에서 어떻게 키를 조절해야 쉽게 따라부를 수 있을지에 관한 논문이다. 결국에는 인지 심리학자가 되었지만, 한국 음악지각인지학회 회장직을 연임하기도 했다.

　심리학 전공자이면서 왜 이렇게 음악을 좋아했을까? 어쩌다가 단순한 취미를 넘어 학문적 대상으로 연구하는 데까지 이르렀을까? "음악은 국가가 허용한 유일한 마약"이라는 말이 있다. 나 또한 깊이 동의하는 바다. 마약의 학문적 명칭은 향정신성 약물로, 인간의 중추신경계에 작용한다는 것을 의미한다. 음악은 듣는 것만으로 인간의 정신 상태를 바꿀 수 있다. 그것도 아무런 부작용도, 오남용의 위험도 없이 말이다.

나는 심리학자로서 음악이 사람의 심리에 얼마나 광범위하고 강하게 영향을 미치는지를 너무나도 잘 보아왔다. 우리의 생각과 행동, 다른 사람과 맺는 관계와 미래에 대해 지니는 전망 등 모든 심리적 영역에서 단 하나라도 음악과 관련 없다고 할 수 있는 것이 있을까? 인류는 음악을 통해서 문명을 발전시켜 왔으며 우리 개개인은 지금도 음악을 들으면서 성장하고 있다. 음악의 작동 원리를 모르는 것은 인간에 대해 모르는 것과 크게 다르지 않다. 음악이 인류에게 미치는 광범위한 영향력을 최초로 총망라한 이 책을 읽어야 하는 이유다.

음악의 중요성은 인정하지만, 여전히 음악의 쓸모에 관한 책을 읽어야 하는 이유에 대해서는 의문을 품을 수도 있다. 하지만 무언가를 경험한 뒤 이를 유의미한 방식으로 활용할 수 있느냐 없느냐는 그 경험에 관한 언어를 지니고 있는지에 달려 있다. 인간이 어떠한 대상을 자신에게 이롭거나 발전적인 방향으로 활용하기 위해서는, 즉 쓸모 있게 만들기 위해서는 그저 경험하는 것에 그치지 않고 그에 관한 말과 생각을 끊임없이 떠올려야 한다. 이러한 생각에 관한 생각을 심리학자들은 메타 인지라고 부른다. 그렇다. 이 책은 음악에 관한 메타 인지를 다룬 책이다. 나 역시 죽기 전에 한번 꼭 써보고 싶지만 어림도 없다. 이런 책은 전문적인 이론을 이해하면서도 현장에서 다양한 에피소드를 목격한 사람만이 쓸 수 있는 것이기 때문이다. 음악에 있어서는 마르쿠스 헨리크가 바로 그 일을 해낼 수 있는 극소수의 사람 중 하나다. 그의 역할은 사람들의 행동 패턴을 새로운 시각으로 파헤친 말콤 글래드웰Malcolm Gladwell과도 닮았다.

개인적으로 이 책은 가장 마음에 드는 장부터, 혹은 필요에 따라 골라 읽는 것을 추천한다. 그러다 보면 자신도 모르게 책을 다 읽게 될 것이다. 나는 생태에 관한 장부터 읽었다. 반려견을 키우는 분들이라면 이해할 것이다.

김경일 (인지 심리학자)

들어가며
어떤 음악을 듣는지가
우리를 결정한다

나는 음악을 들으면 언제나 힘이 났다. 여덟 살 때였나, 거실에서 〈맨 인 더 미러 Man in the mirror〉를 들었던 순간이 기억난다. 듣고 또 들었다. CD 플레이어로 들었는데, 얼마나 많이 들었는지 디지털 표시창에 떠 있던 '05:19'라는 재생 시간이 지금도 또렷하다. CD를 밀어넣은 뒤 누르고 또 눌렀던 '반복' 기호의 모양까지, 모든 게 생생하다.

누구나 음악을 처음으로 들었던 때, 혹은 본격적으로 듣기 시작했던 때가 언제인지 흐릿하게나마 기억할 것이다. '연식'에 따라 LP일 수도, 카세트테이프일 수도, CD일 수도 있겠지만 대부분은 음악에 대한 자신만의 추억이 있다. 90년대생이라면 아마 MP3 파일을 (불법으로) 다운로드해 본 기억이 있을 거다. 나는 카세트테이프 중간에 뚫려 있는 두 구멍 중 하나에 연필을 끼운 채 열심히 돌리곤 했다. 꼬불꼬불 꼬여버린 카세트테이프 줄을 펴서 다시 감아 넣기 위해서였다. 연필을 빙빙 돌린 뒤 다시 플레이어에 넣어 작동시켰을 때 음악이 (거의 원래대로) 나오면 그렇게 기쁠 수 없었다. 맥가이버가 된 기분이었다.

음악은 연애와 닮은 점이 많다. 사람의 감정을 뒤흔들기도 하고, 아예 다른 사람으로 뒤바꾸어 놓기도 한다. 내로라하는 각 분야 석학들도 음악 앞에서 무릎을 꿇곤 한다. 음악이 우리 인생의 다양한 순간에서 방향을 결정하는 이정표로 작용하는 순간이 그만큼 많은 것이다. 음악은 머리와 가슴을 잇는 다리가 되어주기도 한다. 고민이 많아서 머리가 터질 것 같을 때 어느새 음악이 내 곁에 다가와 어깨를 다독여줄 때가 얼마나 많은지 모른다.

음악은 내 안에 숨어 있는 감정과 본능에 귀 기울일 기회, 내 장점을 되새길 기회를 준다. 음악을 듣다 보면 가슴이 뜨거워지고, 정신이 또렷해지고, 머리가 맑아진다. 노래가 들려오는 곳은 안전한 곳이다, 마음이 사악한 사람이 노래를 부를 리는 없으니까! 대중을 선동하고 부추길 목적으로 음악을 악용한 사례도 많지만, 그럼에도 음악만큼 따뜻하고 인간적인 예술 장르는 없다.

그래서 나는 음악을 더 파고들기로 결심했다! 음악을 더 알고, 더 고민하고 싶어서 결국 음악이라는 항구에 정박했다. 음악도 종류가 많으니까 콕 집어 말하자면, 내가 고른 부두는 '팝'이었다. 항해는 아주 순조로웠다. 대략 10년쯤 팝이라는 배를 타고 음악이라는 바다를 항해했다. 일단은 개인적으로도 보편적으로도 음악의 메카라 생각하는 4대 도시, 영국의 리버풀Liverpool과 맨체스터Manchester, 독일의 파더보른Paderborn과 데트몰트Detmold를 찾았다. 박사 과정은 베를린Berlin에서 밟았다. 박사 과정을 끝낸 뒤 라디오 방송에 출연했고, 무대에도 진출했다. 그러면서 음악에 대한 의문들이 새록새록 쌓여갔다. 라이브 쇼를 할 때면 가끔 관객들에게 질문지를 나눠주었다. 그런 다음 몇 가지 질문에 즉석에서 대답했다.

당시 관객들이 남긴 여러 질문이 이 책에 녹아 있다. 그때 내게 다양한 영감을 주신 분들께 지면을 빌려 감사드리고 싶다. 내가 받았던 질문은 그 자리에서 선뜻 대답하기 어려운 질문을 비롯해 다양했다. 이를테면 "모던 토킹Modern Talking은 대체 왜 그렇게 인기가 많았을까요?"라든가, "왜 어떤 사람들은 's' 발음을 할 때 혀 짧은 소리를 내나요?" 같은 질문을 받을 때면 음악과 연관해서 어떻게 답해야 할지 몰라 쩔쩔맸다. 그러다 보니 언젠가부터 질문을 종류에 따라 나누기 시작했다.

질문을 주제별로 분류하고, 여기에 중요하다고 생각되는 주제 몇 개를 추가하니 총 열네 가지 키워드가 나왔다. 이 책이 열네 장으로 구성된 이유다. 책을 읽다 보면 알겠지만, 나는 음악의 장점을 더 강조하는 편이다. 음악에는 실제로 긍정적인 효과가 더 많다. 아기 때부터 음악을 자주 접한 아이들은 확실히 공감 능력이 뛰어나다. 음악은 아이의 성장과 발달도 촉진한다. 인지 능력, 언어 능력, 감성 지능EQ, 운동 능력 등 모든 분야에 도움이 된다. 심지어 나이가 든 후에도 음악으로 치매를 예방하거나 늦출 수 있다.

혼자만의 생각으로 우기는 게 아니다. 치매 환자를 둔 가족들이 음악을 통해 그런 기적을 체험했다고 증언한다. 연주회장을 자주 찾으면 수명이 길어진다는 학설도 있다.

신기하고 재미있는 스토리 몇 개도 소개해 두었다. 작곡가 겸 피아니스트였던 프란츠 리스트Franz Liszt는 왜 털이 북슬북슬한 강아지를 키우면 팬들이 좋아할 거라 여겼을까? 음악과 관련된 이런 뒷이야기도 양념처럼 섞어놓았다.

음악은 응달보다는 양달이 더 많은 장르다. 음악을 들으면 개인적 목표를 달성하는 데 걸리는 시간도 줄일 수 있다. 운동, 다이어트, 아침에 일찍 일어나기, 밤에 일찍 잠들기, 집중하기, 창의력 발휘하기 등 다양한 결심에 음악이 도움이 된다. 연애에도 도움이 된다!

이 책을 다 읽고 난 다음에 콘서트홀을 찾는 독자가 단 한 명이라도 있다면, 그것으로 이 책은 소임을 다했다고 생각한다. 악기를 직접 배우거나 자녀에게 가르치겠다고 결심하는 독자가 있다면, 그 역시 고맙고 황송하기 이를 데 없는 일이다. 샤워할 때, 합창단에 가입해서, 직장에서 일을 하던 도중 등 언제 어디서든 노래를 불러야겠다고 생각하는 독자가 있다면 그 또한 대환영이다.

 이 책은 순서대로 읽어도 되지만, 순서에 상관없이 뒤죽박죽 읽어도 무방하다. 중간 중간 나오는 노래를 실제로 찾아 듣고 따라 부른다면 더더욱 좋다. 직접 듣거나 부르는 게 이성과 감성을 더 끈끈하게 결합시키기 때문이다!

여러분의 음악 상담사,
마르쿠스 헨리크 올림

목차

추천의 글 듣는 것만으로 변화할 수 있다   4
들어가며 어떤 음악을 듣는지가 우리를 결정한다   7

I
상상도 못 한 뇌의 원동력
진화와 음악의 상관관계

    진화 : 자장가를 듣지 않고 자란 사람은 없다   17
    지능 : 무심코 들은 음악이 뇌를 활성화한다   39

II
타인의 마음을 움직이는 법
음악은 어떻게 감정을 불러일으키는가

    심리 : 욕실 안 콘서트로 긍정적 자기 인식을   69
    관계 : 첫 만남에서 배경 음악이 중요한 이유   96
    전략 : 음악을 진짜 무기로 활용한 사례들   110

III
더 나은 내가 되고 싶다면, 들어라
나를 변화시키는 음악 혁명

    소통 : 콘서트에 자주 가는 이들이 사회생활을 잘하는 이유   127
    건강 : 음악이라는 천연 호르몬 치료제   139
    성취 : 새해 목표를 연말까지 이어가는 위대한 음악 습관   168

Ⅳ
음악을 이용하는 자가 성공한다
음악이 답이 되는 순간

사회 : 대선 때마다 들리는 선거송의 비밀   185
철학 : 영감이 필요할 때 음악 감상   208
경제 : 프랑스 와인을 팔고 싶다면 프랑스 음악을   224

Ⅴ
반경 1M, 음악을 사수하라
언제 어디서든 음악을 들어야 하는 이유

생태 : 우유 생산량과 음악의 상관관계   239
인간 : 천재가 되고 싶다면 따라 할 만한 괴벽들   260
낭만 : 인생이 꼬일 땐 음악을 들을 것   272

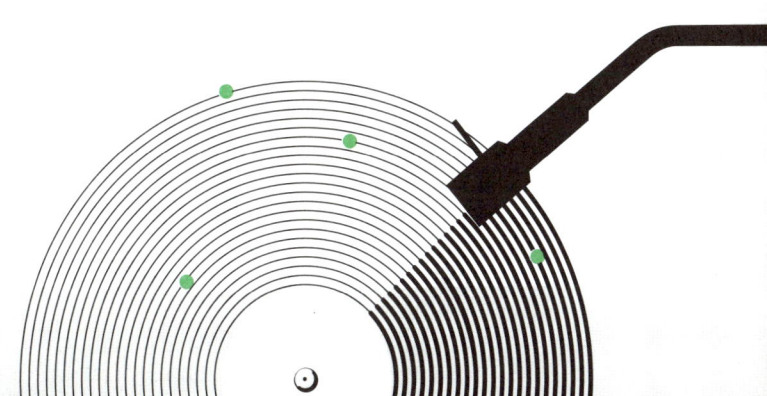

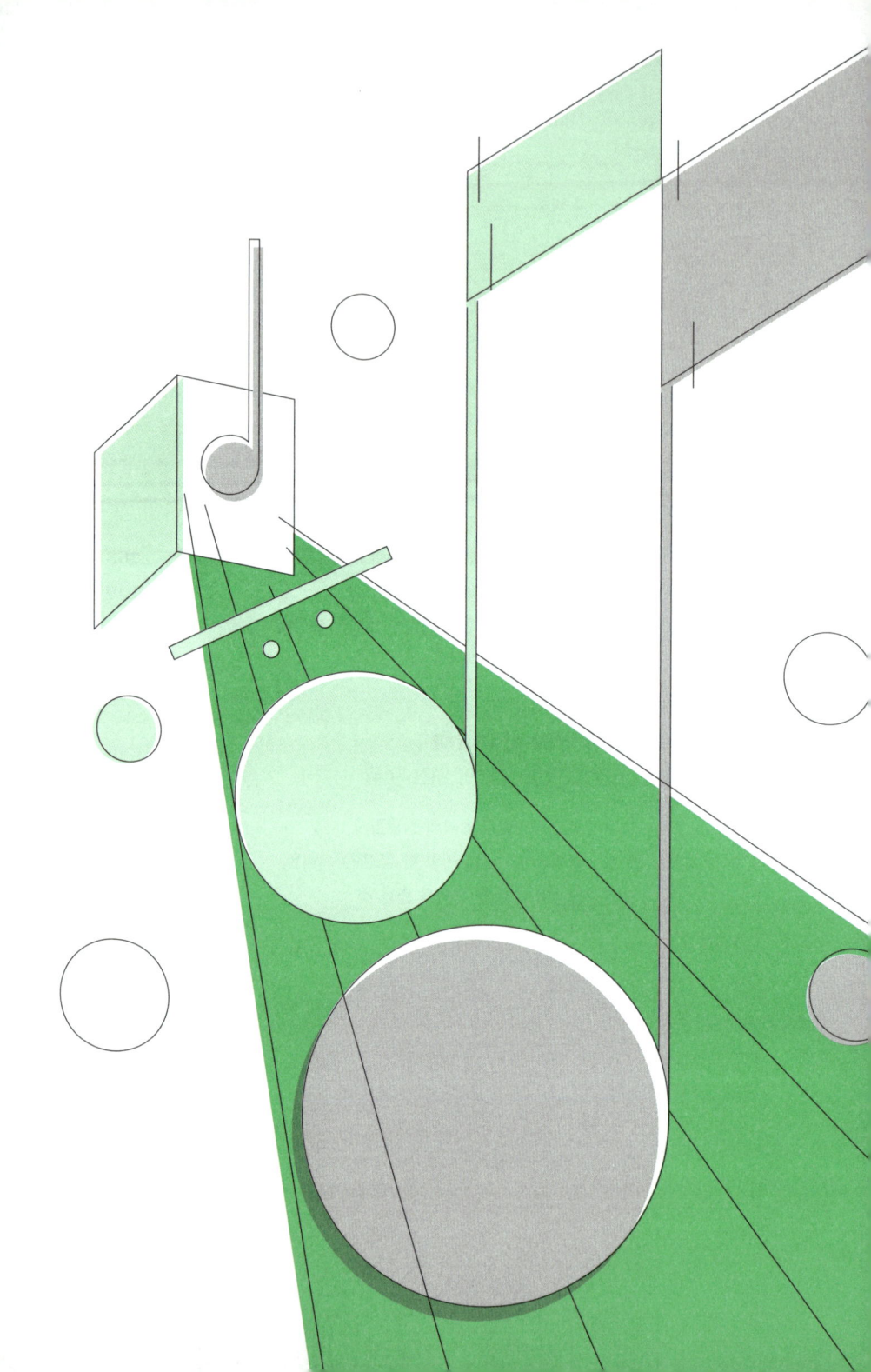

I

상상도 못 한 뇌의 원동력

진화와 음악의 상관관계

진화:
자장가를 듣지 않고 자란 사람은 없다

> 나는 음악이
> 나머지 모든 예술 장르의 뿌리라 생각한다.
> - 하인리히 폰 클라이스트 Heinrich von Kleist(1777~1811)

음악 없는 삶은 상상하기조차 힘들다. 진화론도 음악을 빼고 논할 수 없다. 우리가 살고 있는 지구별에 어쩌다 음악이 등장했는지에 대해서는 여러 학설이 떠돈다. 멜로디를 연주할 수 있는 최초의 악기는 무엇이었을까? 인류는 왜 춤을 출까? 인류 역사상 최초의 히트송은 무엇이었을까? 음악에 관한 기본적인 의문들을 탐구해 보고자 한다.

음악의 존재 이유

음악의 존재 이유, 즉 음악의 당위성에 관한 이론은 크게 다음의 여섯 가지로 구분할 수 있다.

1. 음악은 치즈케이크다

음악은 귀로 먹는 치즈케이크, 귀를 위한 치즈케이크다. 안 먹는다고 해서 당장 굶어 죽지는 않지만 맛있으니까 자꾸만 손이 가는, 귀를 기울이게 되는 '치명적인' 간식이라는 말이다. 언젠가부터 인류는 음악을 즐기기 시작했고, 어느새 음악은 우리 삶에 없어서는 안 될 생필품이 되었다. 하지만 생각해 보면 그 전에는 음악 없이도 잘만 살았다. 하버드대학교의 심리학자 스티븐 핑커Steven Pinker가 음악을 '청각적 치즈케이크auditory cheesecake'에 비유한 것도 이런 이유 때문이다.

하지만 핑커는 빗발치는 비난의 표적이 되고 말았다. 핑커를 향해 활시위를 가장 팽팽하게 당긴 이들은 아래에 소개할 이론을 옹호하는 학자들이었다.

2. 자장가와 모성

아이를 달래고 재우기 위해 엄마가 부르는 자장가가 어쩌면 이 세상 모든 음악의 기원이 아닐까? 수십만 년 전부터 엄마들은 내 아이가 쌔근쌔근 편안히 잘 자기를 바라는 마음에 단순한 멜로디로 된 노래를 읊조리곤 했다. 그런데 알고 보니 여기에 엄청난 과학적 비밀이 숨어 있었다. 자장가를 들려주는 동안 아이의 몸에서 생명을 유지하는 데 필요할 만큼 중대한 호르몬이 분비된다는 것이다. 학자들은 그 호르몬이 영유아 사망률이 매우 높던 시절,

생사를 가를 정도로 대단한 것이었다는 사실을 밝혀냈다.

이뿐만이 아니다. 노래는 물리적인 신체 접촉을 대체하는 기능도 지니고 있다. 물론 직접적인 스킨십과 비교할 수는 없겠지만, 거리가 떨어져 있어도 익숙한 엄마의 목소리를 듣는 것만으로 아이는 안정감을 느낄 수 있다. 예를 들어 엄마가 손빨래를 하면서 노래를 들려주면 누워 있는 아기는 어느 정도 편안하다고 느낀다.

자장가가 인류의 생존에 크게 기여했고, 음악의 탄생 배경에 여성의 손길이 크게 작용했다고 주장하는 학술 논문도 몇 편 있다. 이 내용에 대해서는 다음 장에서 더 자세히 다루기로 하자.

3. 적자생존과 구애 행위

찰스 다윈Charles Darwin은 진화론에서 잘 알려진 음악의 기능이 동물의 세계, 좀 더 구체적으로 밝히자면 조류의 세계에도 작동한다고 주장했다. 더 큰 소리로, 더 힘차게 노래를 부르는 새일수록 동료의 주목을 더 잘 끌고 더 탁월한 유전자를 가지고 있다는 사실을 입증할 수 있다는 말이다. 호모 사피엔스의 조상 중에도 말보다 노래를 먼저 배운 이들이 있었다. 생물학적으로도 인류는 말을 할 때보다 노래를 부를 때 소화할 수 있는 음역대가 더 넓다.

노래가 우월함을 표출하는 수단이었을 수도 있다. 예컨대 모두가 생존을 위한 사투에 여념이 없던 석기 시대에 누군가 노래를 부른다면 그 모습은 아마도 여유로움의 상징이었을 것이다. "다들 봤지? 내가 비록 허리춤에 털가죽 한 조각만 달랑 걸치고 손에는 돌도끼 하나만 쥐고 있지만, 그렇다고 날 무시하진 못할 거야. 왜냐, 이래 봬도 난 노래를 부르는 사람이니까!"라는 뜻이었으리라.

지금도 몇몇 아티스트를 보면 울룩불룩한 근육이나 번듯한 외모보다 예술적 재능이 더 매력적으로 느껴질 수 있다는 사실을 짐작할 수 있다. 얼핏 보기에는 그다지 수려한 외모가 아닌데도 구름 떼 같은 팬들을 몰고 다니는 연예인들을 보라. 참고로 단독 콘서트에서 최대의 티켓 파워(미화 7억 3,670만 달러)를 보여준 가수는 잉글랜드 출신의 싱어송라이터 에드 시런Ed Sheeran이었다.

4. 사회적 교류와 소속감 강화

음악은 특정 그룹에 대한 소속감을 강화한다. 누구나 자기만의 시간이 필요하므로 혼자 있고 싶은 순간이 있기 마련이다. 하지만 진화론적으로 볼 때 인간은 기본적으로 무리를 지어 사는 동물이다. 노래나 음악을 포함한 각종 행사나 의식은 그룹의 결속력을 다지는 접착제다. 다 함께 노래를 부르며 우리는 문화를 공유한다. 축구 경기장에 한번 가보라. 팬들이 스타디움이 흔들릴 정도로 목청 높여 한목소리로 응원가를 부르면 선수들은 더 뛰어난 기량을 발휘한다. 같은 멜로디를 부르는 가운데 팬과 선수는 하나가 되고, 내 팀과 상대 팀 간의 경계가 분명해진다. 이를 통해 선수와 팬은 승리와 생존에 필요한 힘을 얻는다. 예전으로 치자면 매머드와도 맞서 싸울 수 있는 용맹함을 얻는 것이다.

함께 노래를 부를 때 발산되는 공동체에 대한 결속감은 두려움과 스트레스를 줄여준다. 지금은 멸종했지만, 먼 옛날 검치호劍齒虎도 상황에 맞는 적절한 노래를 부를 때 전투력이 더 상승했다고 한다.

5. 가장 다정한 것이 살아남는다

문화 인류학계는 최근 들어 다윈의 적자생존설을 살짝 비트는 시도를 하고 있다. 진화론적 관점에서 볼 때 최상의 카드를 쥐고 있는 건 변화하는 환경에 가장 잘 적응한 개체가 아니라 '가장 다정한the friendliest' 개체라는 학설을 제기한 것이다. 해당 학설을 주장하는 이들은 공격성이나 폭력성이 생존에 전혀 도움이 되지 않는다고 이야기하기도 한다. 검치호는 멸종했지만, 기니피그는 수천 년째 멸종의 두려움 없이 평온하게 살아가고 있다는 게 '살아 있는' 증거가 아닐까?

하지만 인류는? 사람한테는 이 이론이 들어맞지 않는데? 인류는 탄생 이래 끊임없이 전쟁을 치러오지 않았는가? 우리가 기억하는 대규모 전쟁만 해도 손에 꼽을 수 없을 정도로 많지 않은

가? 인류는 폭력적인데 어떻게 살아남았을까? 그 이유는 인류가 기본적으로 평온함을 추구하는 동물이기 때문이다. 다들 '홈 스위트 홈'을 바라지 않는가. 상상해 보자. 우리는 지금 집에서 뒹굴거리는 중이다. 보일러나 벽난로 때문에 집 안이 아주 따뜻하고, 배달 음식을 주문해 놓은 상태며, 노트북과 스마트폰, 그리고 넷플릭스가 있다! 이 정도면 인류가 평온함을 사랑하는 동물이라 해도 되지 않을까?

개도 호모 사피엔스와 '세트'로 오래 살아남았다. 개가 사람과 가장 친한 동물이기 때문에, 다시 말해 사람과 개는 따스한 교감을 나눠온 덕분에 둘 다 살아남을 수 있었던 건 아닐까?

음악은 늘 긍정적이고 온화한 면을 대변한다. 음악은 사람에게서 따뜻한 표정과 몸짓을 이끌어 내는 문화적 장치다. 물론 예외도 있다. 당장이라도 우리를 향해 덤벼들 듯한, 폭력성 짙은 음악도 있다. 이른바 '데스 메탈death metal'이라는 장르가 그런 인상을 다분히 풍긴다. 하지만 메탈 음악 팬이나 아티스트 중에도 알고 보면 마음이 비단결처럼 보드라운 이들이 무수히 많다.

6. 지구력과 음악

여섯 번째 이론은 음악과 지구력 향상의 연관성에 대한 내용이다. 꽤 긴 시간 동안 무언가를 계속해 낼 힘, 끈질기게 버틸 수 있는 힘과 음악 사이에 무슨 상관관계가 있을까? 그 답을 얻기 위해 우리 조상들이 얼마나 먼 거리를 걸었는지 기억해 보자. 인류는 약 400만 년 전부터 직립 보행을 시작했다. 호모 사피엔스의 선조들과 호모 사피엔스는 지금으로서는 상상할 수 없을 정도로 먼 거리를 네 발로, 혹은 두 다리로 걸어다녔다. 그때는 그래야만 했다. 그래야 생존에 더 유리한 환경을 찾아낼 수 있었다.

그럴 때 흥얼거리거나 허밍을 하면 발걸음이 조금은 가벼워졌을 것이다. 조금 더 힘을 내어 조금 더 버티는 데 도움이 되었을 것이다. 2천 년 전(까마득하게 느껴지겠지만, 기나긴 인류사 전체를 통틀어 보면 2천 년은 '눈 깜짝할 사이'밖에 되지 않는다)만 해도 로마 군단 소속 병사들은 하루에 33킬로미터를 행군해야 했다. 짊어져야 할 군장의 무게는 무려 47킬로그램에 달했다.

요즘 우리는 하루 평균 약 10분, 1킬로미터 정도를 걷는다. 다른 교통수단으로 갈아타기 위해 어쩔 수 없이 움직여야 할 때 외에는 거의 걷지 않는다. 여행객의 노래, 방랑객의 노래 같은 건 죄다 전동 킥보드나 우버 택시가 나오기 전에 등장한 것들이다. 지금은 그런 노래를 만들거나 부르는 이들이 거의 없다. 그래도 몸을 쓸 때 음악을 듣는 전통만큼은 살아남았다. 지금도 많은 이들이 이어폰이나 헤드폰을 끼고 조깅을 한다. 몇백만 년 전 우리 조상들도 그랬다. 몸을 쓸 때, 혹은 걷거나 뛸 때 직접 노래를 부르거나 다른 사람이 부르는 노래를 들었다. 그 시절과 지금의 차이는 내비게이션 앱이나 기능성 재킷이 있느냐 없느냐 하는 것

뿐이다.

앞서 소개한 여섯 가지 이론 중 4~6번은 2번 이론, 즉 '자장가 이론'과 연결 지을 수 있다. 이론들을 모두 조합하면 음악의 당위성을 더 잘 설명할 수 있을 듯하다. 3번 다윈의 이론은 학술적으로는 불완전한 것으로 드러났다. 하지만 19세기에 탄생한 이론임을 감안하면, 그 정도는 충분히 눈 감아줄 수 있다. 더욱이 되새겨 볼 만한 포인트 몇 개도 포함하고 있다. 1번 '치즈케이크 이론'은 솔직히 말해 재미는 있지만, 학술적 설명이라고 하기에는 다소 미흡하다.

재미있는 사실은, 음악가나 뮤지션이라는 단어를 모르는 부족도 있다는 것이다. 아프리카의 마파Mafa족이 그런 경우인데, 음악 없이 살기 때문이 아니라 음악을 즐기고 부르고 연주하는 것이 워낙 당연한 일이기 때문에 음악이라는 단어의 필요성조차 느끼지 못해서라고 한다.

그런가 하면 음악을 금지하거나 근본적으로 절멸시키려는 종교적인 움직임도 있었다. 하지만 큰 효과를 거두지는 못했다. 음악은 뼛속 깊이 새겨진 인간의 기본 욕구 중 하나다. 인류가 태동한 이래 우리는 늘 춤을 추고, 노래를 부르고, 몸을 흔들고, 악기를 다뤄왔다. 지금도 마찬가지다. 다행인 일이 아닐 수 없다.

음악에 감동하는 이유

우리는 왜 음악을 듣고 감동할까? 그건 바로 음악이 중간 필터를 거치지 않고 우리한테 직접 와닿기 때문이다. 냄새가 우리 코에 직접 와닿듯 음악도 우리 귀에 직접 와닿는다. 음악 소리는 우리 뇌의 모든 영역을 관통하는데, 여기에는 그럴 만한 진화론적 이유가 있다. 먼 옛날 우리 조상들은 주변에서 소리가 들려올 때마다 그 소리가 풀잎을 뒤흔드는 바람 소리인지, 갑자기 나타난 곰이 인간의 머리를 후려치기 위해 앞발을 드는 소리인지 눈 깜짝할 사이에 판단해야 했다. 생사를 가를 만큼 중대한 판단이었다.

우리 귀는 불쾌한 소리를 즉시 감지한다. 귀를 타고 들어온 불편함이 온몸을 관통하고 뼛속까지 스며든다. 요즘 클럽에서도 가끔 보면 귀에 거슬리는 노래가 흘러나오는 즉시 디제이에게 달려가 불평하는 이들이 있다.

귀는 우리의 안전과 생존을 보장하는 능력을 먼 옛날부터 지금까지 유지하고 있다. 영화 음악을 한번 생각해 보자. 영화를 볼 때 배경에 음산한 저음이 흐르면 우리는 자동으로 긴장한다. '엄마야, 이제 곧 무슨 일이 일어날 것 같아. 무슨 일이지? 아, 떨려…'라며 조마조마해한다. 반대로 밝고 맑고 부드러운 하이 톤의 음악이 흐를 때에는 세상 느긋한 마음으로 화면을 지켜본다.

원래 모든 일이 다 그렇다. 새들이 청아하게 지저귀는 것은 가까운 곳에 분명 신선한 물과 배를 불려줄 먹이가 있다는 뜻이다.

인류가 춤을 추는 이유

학자들은 인류가 말하기보다 춤추기를 더 일찍 시작했으며, 수십만 년 전부터 춤을 취왔고, 춤 역시 진화론적 관점에서 인류에게 여러 가지 장점을 안겨주었다고 주장한다. 춤을 추는 행위가 인류의 진화에 어떻게 유리하게 작용했을까?

♩ 무리 지어 춤추는 행위는 집단의 결속력을 강화한다. 그리고 구성원들이 끈끈하게 뭉치는 종족일수록 위험한 동물과 맞닥뜨렸을 때, 혹은 다른 문제가 발생했을 때 힘을 합쳐 상황을 더 잘 헤쳐나간다. 우리 조상들은 집단 춤에 사악한 귀신을 물리치는 효과도 있을 것이라 믿었다. 모르긴 해도 춤은 매우 영리한 퇴마술이었을 것이다. 사악한 혼령을 멀리 내쫓는 동시에 흥겹기도 하기 때문이다.

♩ 군무를 추면 무더기가 커진다. 적어도 적의 눈에는 더 크게 보이는 효과를 발휘한다. 무리가 둥그렇게 빙 둘러선 모습, 혹은 다른 대열로 한자리에 모여 있는 모습은 적에게 위협적으로 느껴질 수 있다. 예컨대 나무 덤불에 숨어서 공격 기회만 노리던 맹수를 포기하게 만드는 것이다. 맹수는 '저기엔 뛰어들지 않는 게 좋겠어. 언젠

가 한 놈만 어슬렁거릴 때 공격해야지'라고 생각하지 않을까?

♪ 춤은 존경심과 감탄을 자아낸다. 치어리더나 댄스 그룹의 칼군무에 시선을 뺏기지 않는 사람이 있을까? 여럿이 일사불란하게 춤추는 모습은 언제 봐도 신기하고 재미있다. 그룹 댄스를 보며 머릿속으로 스텝을 밟는 사람도 있고, 자기가 마치 그 그룹의 일원이 된 듯한 착각에 빠지는 사람도 있다. 우리 안에 그러고 싶은 DNA가 있다. 공연장에서 청중이 일제히 박수를 치거나 몸을 이리저리 흔드는 것 역시 태곳적부터 타고난 DNA 때문이다.

우리 조상들이 춤추는 모습을 그림으로 묘사한 고대 유물도 많다. 몇천 년 전, 그러니까 기원전 9000년부터 기원전 5000년경 사이의 신석기 시대 유물들인데, 댄스 동작을 새겨 넣은 점토 항아리들이 대표적이다. 이스라엘의 히브리대학교 고고학 교수 요시 가르핑켈Yossi Garfinkel의 흥미진진한 저서 『농경사회 여명을 열던 시절의 춤Dancing at the Dawn of Agriculture』에만 해도 약 400장의 이미지가 실려 있다. 그 책 표지를 가만히 들여다보면 빌리지 피플Village People의 노래 〈YMCA〉의 안무가 몇천 년 전의 춤을 본뜬 게 틀림없다는 확신이 생긴다. 책 표지 한가운데를 장식하고 있는 컬러 사진을 보면 그런 생각이 저절로 든다.

춤에 대한 기본적인 생각이나 인간이 춤을 추는 이유에 대한 고찰은 그때나 지금이나 크게 달라지지 않았다.

♩ 누구나 춤을 출 수 있는 '끼'를 타고난다. 신생아도 같은 패턴의 리듬을 자주 들려주면 금세 반응을 보인다.

♩ 춤은 신체 발달에 도움이 된다. 춤이 균형 감각과 근육, 신체 조정 능력 등을 발달시키는 것이다. 코르티솔과 옥시토신과 같은 호르몬 분비도 촉진한다. 춤을 추면 가라앉았던 기분이 조금 나아지고, 기억력도 증진된다. 혼자 춤을 추는 것도 좋지만, 짝을 지어 춤을 추면 효과가 배로 늘어난다. 파트너와 함께 춤을 출 때 기분이 좋아지는 호르몬이 더 많이 분비된다는 연구 결과도 있다.

♩ 춤은 커뮤니케이션이자 내 기분과 상태를 타인에게 전달하는 매개체다. 춤은 지구촌 어디에서나 통하는 인류 공통의 언어다.

♩ 짝을 찾을 때도 춤이 도움이 된다. 먼 옛날에는 일종의 의식 행위로 춤을 추며 상대방을 탐색하고 간택했다. 지금은 자유롭게 춤을 즐기는 가운데 잠재적 연인과 나 사이의 교감을 확인한다. 춤은 유혹의 수단이자 호감의 촉매제다. 춤으로 마음이 통한 사람들 사이에서 감정적 교류가 폭발할 때가 한두 번이 아니다. 이미 연인이나 부부인 관계에서도 춤은 서로에 대한 감정을 확인하고 애정을 다지는 수단으로 작용한다.

그런데 음악에 관한 연구가 꽤 많이 진척된 것에 비해 춤에 관한 연구는 아직도 초보 단계에 머물러 있다. 무려 800쪽에 걸쳐 음악 전반을 탁월하게 다룬 책이 있다. 『음악 심리학 편람Handbuch

Musikpsychologie』이라는 책인데, 이 명저도 인류사에 이토록 중대한 의미를 지니는 춤에 대해서는 두 페이지밖에 할애하지 않았다. 인지 생물학자 안드레아 라비냐니Andrea Ravignani는 《슈피겔Der Spiegel》과의 인터뷰에서 춤에 대한 연구가 너무나 부족하다며, 우리 뇌에 춤이 얼마나 깊이 각인되어 있는지 밝혀내야 한다고 강조한 바 있다.

그렇다면 춤은 어디까지가 유전적으로 타고나는 것이고 어디서부터가 문화적 환경에 따라 후천적으로 습득하는 것일까? 학자들은 문화권을 불문하고 전 세계인이 공통적으로 좋아하는 리듬 패턴 여섯 가지만 찾아냈을 뿐이다. 캘리포니아대학교의 신경학자 페트르 자나타Petr Janata는 어떤 노래가 우리를 춤추고 싶게 만드는지 알아내기 위해 몇 가지 실험을 실시했다. '그루브 프로젝트Groove Project'라는 이름의 해당 실험에서 1위를 차지한 노래는 스티비 원더Steve Wonder의 〈슈퍼스티션Superstition〉이었다. 개인적으로 충분히 납득이 가는 결과라 생각한다.

시간이 된다면 이 노래를 집중해서 들어보고, 리듬에 맞춰 몸도 움직여보기 바란다. 분명 호르몬이 샘솟는 것이 느껴질 것이다. 멜로디와 리듬, 춤에 제대로 심취하기만 한다면 심지어 나를 노리던 맹수조차 저 멀리 쫓아낼 수 있을 만큼 많은 양의 호르몬이 분비된다.

인류 최초의 악기

인류 최초의 악기는 무엇이었을까? 그것은 바로 목소리다! 대부분의 사람은 목소리를 타고나고, 태어나자마자 즉시 이 도구를 아낌없이 활용한다. 갓난아기들이 목이 터져라 우는데도 절대로 목이 쉬지 않는 이유는 막 태어나 성대의 기능이 최상의 상태이기 때문이다. 게다가 젖먹이들은 복식 호흡계의 최강자들이다. 횡격막이 최적의 컨디션으로 작동하면서 목을 보호하는 것이다. 하지만 시간이 흐르면서 이 능력은 자연스레 퇴보하므로 가수 지망생이라면 보컬 트레이닝을 통해 그 능력을 되찾아야 한다.

아기의 울음소리에 대한 연구는 꽤 많이 진척된 편이다. 독일 뷔르츠부르크대학교 소속 의료 인류학자 캐슬린 베름케Kathleen Wermke는 아기 울음소리와 옹알이를 집중적으로 파고들어 무려 50만 건의 목소리 샘플을 수집했다. 세계 각국 아기들의 울음소리로 거대한 데이터베이스를 만든 것이다. 베름케 교수팀에 따르면 아기들의 울음소리는 대륙별로 다를 뿐 아니라 나라별로도 차이가 있다고 한다. 프랑스 아기와 독일 아기의 울음소리 톤이 다르다. 이러한 차이는 모국어가 서로 다르기 때문에 발생하는데, 아기는 엄마 배 속에서 이미 모국어의 '멜로디'를 익힌다고 한다. 참고로 성조가 강한 중국어가 모국어인 아기들은 울음소리가 좀 더 '멜로디컬'하다고 한다.

우리 조상들은 신체 일부를 악기로 사용했고, 주변 사물을 두드리는 행위도 즐겼다. 나무 그루터기도 두드렸고, 두개골도 두드렸다. 조개껍질이나 동물 뼈로 만든 각종 '딸랑이' 악기들은 구석기 시대부터 지구상에 존재했다. 인위적으로 만든 타악기 중 가장 오래됐다고 지금까지 알려진 것은 7천 년 전 중국에서 만든 드럼이다. 두드리면 퉁퉁 소리를 내는 드럼 판은 악어가죽으로 만들었다고 한다.

다른 높낮이의 음을 연주할 수 있는 악기 중 가장 오래된 것은 5만 년 전쯤 만들어졌다고 추정되는 피리다. 슬로베니아의 동굴에서 곰의 뼈로 만들어진 피리의 일부가 발견되었다. 다만 네안데르탈인이 구멍을 뚫어 피리를 만든 것인지, 동물이 우연히 이빨로 뚫은 것인지에 대한 논쟁이 여전히 이어지고 있다. 개인적으로는 그렇게 동그란 모양의 동물 이빨 자국은 본 적이 없다.

동물의 이빨 자국이 만든 것으로 추정되는 가장 오래된 악기는 독일 남부 슈베비셰 알프Schwäbische Alb에서 발견된, 조류의 뼈로 만든 4만 3천여 년 전의 피리다. 하지만 다들 알다시피 학설은 학설일 뿐이다. 학설이라는 말 안에는 이미 모호함이 포함되어 있다.

악어, 조개, 곰, 조류…. 그렇다, 전부 다 동물이다. 예전 악기들은 비건의 생활 패턴과는 거리가 멀었다. 지금도 대부분 마찬가지다. 바이올린 활의 털 부분은 여전히 말의 꼬리로 만들고, 피아노 건반 역시 오래전부터 코끼리의 상아로 만들었다. 브르타뉴Bretagne 지방에서는 백파이프를 만들 때 개가죽을 썼고, 남미 사람들이 즐겨 연주하는 소형 기타 차랑고charango의 울림통은 아르마딜로의 껍질로 만들었다고 한다.

유쾌한 음악 vs 불쾌한 음악

어떤 멜로디는 익숙하고, 어떤 멜로디는 그렇지 않다. 우리는 주로 '서양적' 멜로디에 익숙해서 음악에 대한 객관적 느낌이 타고나는 것이라 착각할 때가 많다. 실제로 어떤 화음은 협화음으로 들리고, 어떤 음들은 불협화음으로 들린다. 자연스럽게 흘러가고 왠지 조화롭다 싶으면 협화음, 듣는 순간 쭈뼛하고 거부감이 들면 불협화음이다. 그런데 그 느낌은 하늘에서 뚝 떨어지는 것이 아니다. 그간의 연구에 따르면 익숙한 음계를 불편해하는 이들도 있다고 한다. 즉 협화음과 불협화음에 대한 음감이 전 세계 공통이 아니라는 것이다.

피아노를 비롯한 대부분의 건반 악기는 한 옥타브octave[1] 안에

---

[1] 옥타브란 두 음정 간의 간격을 나타내는 말로, 둘 중 높은음의 진동수가 낮은음의 진동수의 딱 두 배가 된다. 여성과 남성이 같은 멜로디를 함께 부를 경우, 여성의 목소리가 대체로 몇 옥타브 더 높다. 즉 여성 성대의 진동수가 남성 성대의 진동수보다 몇 배 더 높은 것이다.

들어 있는 서로 다른 12개의 건반을 연결해 놓은 것이다. 우리에게 익숙한 음계scale가 12음으로 구성되어 있는 것도 이와 연관되어 있다. 한 옥타브를 잘게 쪼갠 복잡한 음계를 쓰는 사람들도 있다. 이른바 미분 음정micro-intervals이라 불리는 것인데, 반음을 더 잘게 쪼갠 음이라 일반 피아노로는 연주할 수 없다. 아무리 연주하고 싶어도 피아노에는 그런 건반 자체가 없다.

얼마 전까지만 해도 모두 옥타브 시스템은 지구촌 공통이라 믿었다. 다양한 문화권에서 비슷한 음계를 쓰고 있다는 사실을 확인했기 때문이다. 그런데 2019년 볼리비아 우림 지대에 사는 치마네Tsimane족에게는 옥타브 개념이 없다는 사실이 밝혀졌고, 이로써 옥타브에 대한 단단한 신뢰가 모래성처럼 와르르 무너졌다.

개개인이 특정 음악을 듣고 느끼는 감정은 성장 환경이나 소속된 문화권 등에 따라 다르게 나타난다. 장조major와 단조minor에 대한 감정 역시 상황에 따라 달라진다. 유럽에서는 1600년경부터 고전 음악, 민속 음악, 대중음악 등 각종 음악 장르에서 장조와 단조를 구분하기 시작했다. 알다시피 '장조는 유쾌하고 단조는 우울하다'는 것이 일반적인 고정관념이다. 진짜 그럴까? 노래마다 다르지 않을까? 1990년대 공전의 히트를 기록한 독일 댄스 그룹 미스터 프레지던트Mr. President의 신나는 노래 〈코코 잠보Coco Jambo〉는 C#단조였는데? 애절한 뒷이야기를 알고 들으면 눈물이 쏟아질 정도로 슬픈 에릭 클랩턴Eric Clapton의 〈티어스 인 헤븐Tears in heaven〉은 A장조였는데?

독일어로 장조는 두르Dur, 단조는 몰Moll이다. 두르는 '강하다'를 뜻하는 라틴어 '두루스durus'에서, 몰은 '부드럽다'를 뜻하는 라틴어 '몰리스mollis'에서 왔다. 단어의 기원만 봐도 왜 장조는 즐겁고 단조는 슬프다는 관념이 굳어졌는지 납득이 간다. 실제로 전 세계적으로 '장조=기쁨, 단조=슬픔'이라는 등식을 입증하는 연주 방식과 사운드, 노래 스타일이 넘쳐난다. 하지만 이 또한 모든 상황에 적용할 수 있는 것은 아니다.

인류 최초의 히트송

'발굴發掘'은 원래 땅속이나 흙더미, 산속 등에 파묻혀 있는 것을 꺼내는 행위를 뜻한다. 인류 최초의 악보도 그야말로 '땅을 파헤쳐' 발견되었다. 〈후르리 찬송가 6번Hurrian Hymn no. 6〉이라 알려진 노래가 현존하는 가장 오래된 악보로, 기원전 14세기경에 만든 것으로 추정된다. 누군가가 노래의 악보를 묘비에 새겨놓은 것이다. 이 노래는 분명 당시에 히트송이었을 것이다. 그게 아니면 굳이 그렇게 공들여 돌판에 새길 것까지는 없었잖아?

온라인에서 이 노래의 녹음본 몇 개를 들을 수 있다. 오늘날 우리가 듣기에는 멜로디가 좀 뭉툭하고 붕 뜨면서 새되게 느껴질 수 있다. 지난 30년 동안 최대의 히트송을 써 내려간 싱어송라이터 막스 마틴Max Martin의 작품들처럼 한 번 듣는 것만으로 쏙 들어오길 기대하면 안 된다. 〈후르리 찬송가 6번〉은 브리트니 스피어스Britney Spears의 〈베이비 원 모어 타임Baby one more time〉이 아니다. 케이티 페리Katy Perry의 〈아이 키스드 어 걸I kissed a girl〉도 아니고, 위켄드The Weeknd의 〈블라인딩 라이츠Blinding lights〉와도 다르다.

그렇다면 인류 최초의 악보 말고 인류 최초의 히트송은 무엇이었을까? 많은 학자들이 지구상에 처음으로 유행한 노래는 자장가였다고 말한다. 자장가는 대개 누구나 단박에 친근감을 느낄 수 있는 멜로디다. 조금 전까지 울던 아기를 쌔근쌔근 잠들게 만들 수 있는 나지막한 노래를 마다할 부모가 있을까? 부모들 사이에서 자장가만큼 실용적인 히트송은 없을 것이라 장담한다! 그런데 아쉽게도 자장가의 기원에 대해서는 알려진 바가 그리 많지 않다.

세계로 뻗어나가 유명해진 자장가 중 가장 오래된 것은 19세기에 요하네스 브람스Johannes Brahms가 작곡한 자장가다. 브람스의 자장가에 대해서는 말도 많고 탈도 많다. 유명세를 탄 예술 작품이 어김없이 겪어야 하는 통과 의례였을까? 그의 자장가는 표절 시비에 휘말렸다. 흠, 우리는 표절이라는 말 대신 브람스가 아주 교묘하게 영감을 얻은 것이라 해두자.

브람스 자장가의 멜로디는 오스트리아 민요에서 따왔고, 가사는 시집 『소년의 이상한 뿔피리Des Knaben Wunderhorn』의 시를 대놓고 베낀 것이었다. 그는 자신의 '사기 행각'을 굳이 감추려 들지도 않았다. 심지어 아래의 명언을 남길 정도로 뻔뻔했다.

곡을 쓰는 건 어렵지 않다. 진짜 힘든 건 악보에서 필요 없는 부분들을 쳐내는 작업이다.

그럼에도 브람스의 '잘 자라, 내 아기, 내 귀여운 아기―'는 히트를 쳤고, 거기에는 분명 그럴 만한 이유가 있었을 것이다. 우선 리듬과 멜로디, 가사가 절묘하게 조화를 이룬다. 브람스의 자장가는 4분의 3박자로 되어 있다. 3박자로 반복되는 리듬을 타며 '그루브감'을 느낄 수 있다. 다음으로 멜로디도 단순하고, 음역대도 넓지 않다. 요즘 지구 전체를 들썩거리게 만드는 후크 송처럼 노래를 배운 적 없는 사람도 금세 따라 부를 수 있다. 첫 두 마디는 더욱 귀에 쏙 박힌다. 음정이 두 개밖에 없고, 리듬의 변화도 최소화했기 때문이다.

그렇다면 가사는 어떨까? 아래는 브람스 자장가의 독일어 가사다.

굿 이브닝, 굿 나잇.
장미꽃을 둘러서

정향도 꽂아서

이불 밑에 넣어둘게.

내일 아침 신께서 원하신다면

너는 다시 일어날 거야.

내일 아침 신께서 원하신다면

너는 다시 일어날 거야.

(한국어 가사는 '잘 자라, 내 아기/내 귀여운 아기/아름다운 장미꽃/너를 둘러 피었네/잘 자라, 내 아기/밤새 편히 쉬고/아침이 창 앞에/찾아올 때까지'다. _ 역자 주)

독일어 가사에는 저녁 인사와 밤 인사에 이어 장미꽃이 등장하고, 정향丁香을 요람 밑에 넣는다는 말이 나온다. 뒤이어 신께서 원하신다면 내일 아침에 다시 일어날 거라고 속삭인다. 향신료의 일종인 정향은 벌레를 퇴치하는 효과가 있다고 알려져 있다. 아기의 편안한 잠을 걱정하는 엄마의 마음이 느껴진다. 그런데 그 다음 가사를 보자. 신께서 '원하신다면(!)' 내일 아침에 다시 일어난다고? 그럼 만약 신께서 원하지 않는다면? 아기 입장에서는 '정향'이라는 가사 때문에 행여나 내 침대에 벌레가 우글거리진 않는지 가뜩이나 걱정되는 마당에 신께서 원하지 않으면 오늘밤에 죽을 수도 있는 셈인데, 그러니 잘 자라고?

물론 가사는 어디까지나 가사일 뿐이다. 가요나 팝송 가사를 한 구절 한 구절 곱씹으며 부르는 사람은 많지 않다. 게다가 단어나 구절이 함축적인 의미를 품고 있을 때도 많아서, 그 뒤에 숨은 진짜 뜻을 알고 싶다면 밤새도록 토론을 해도 시간이 모자랄 것이다.

그런데 이러한 브람스의 자장가는 어쩌다가 세계적인 히트송이 되었을까? 1850년경부터 전쟁이나 빈곤을 견디다 못해 수백만 명의 독일인이 유럽을 등졌는데, 바로 이들이 이 노래를 전 세계로 퍼뜨렸다. 브람스 자장가의 멜로디는 미국에서도 손에 꼽을 만큼 유명한 멜로디에 속한다. 수많은 미국 스타들이 이 노래를 불렀는데, 개인적으로 프랭크 시나트라Frank Sinatra의 버전이 특히 아름답다고 생각한다.

브람스의 자장가 멜로디가 앞으로도 수백 년은 건재할 것이라는 짙은 확신이 든다. 이 멜로디가 사라질까 걱정하는 누군가가 자기 묘비에 가사와 악보를 새길지도 모를 일이다.

지능 :
무심코 들은 음악이
뇌를 활성화한다

**우리가 해야 할 일은
올바른 건반을 올바른 타이밍에 두드리는 것뿐이다.
- 요한 제바스티안 바흐Johann Sebastian Bach(1685~1750)**

아기들은 태어나기 전부터 음악을, 좀 더 정확히 말하자면 소리를 인지한다. 엄마 배 속에 있을 때부터 각종 소리를 듣는다. 음악이 갓난아기와 영유아들의 발달에 얼마나 큰 도움이 되는지를 다룬 연구도 수두룩하다. 어른도 예외가 아니다. 성인도 음악을 들으면 지능이 발달하고 창의력이 샘솟는다.

우리가 배 속에서부터 듣는 소리

태아는 배 속에 자리 잡은 지 5개월째부터 소리를 인지한다. 태아가 듣는 소리의 음질은 우리가 수영장이나 욕조에 몸을 담그고 있을 때 듣는 소리와 비슷하다. 물에 온몸을 담그면 들리는, 윙윙 울리면서 멍한 소리가 바로 태아가 엄마 배 속에서 듣는 소리다. 그렇다고 태아가 말이나 소리를 흐리멍덩하게만 듣는 건 아니다. 엄마 배 속이 얼마나 시끄러운데!

기억날 리는 없겠지만 우리는 모두 한때 엄마의 위장에서 나는 소음을 참으며 살아남았다. 최대 95데시벨에 달하는 그 소음을 견디고 세상 빛을 본 것이다. 95데시벨이면 회전톱 소리와 거의 맞먹는 수준이다. 태어나기 전부터 이미 테크노 음악이 윙윙 울리는 클럽에 익숙해져 있었다고 해도 과언이 아니다. 실제로 몇몇 테크노 클럽 디제이들이 트는 음악을 들으면 우리 위장이 내는 시끄러운 소리와 놀라우리만치 비슷하다는 느낌이 든다.

사람이 가장 먼저 접하는 비트는 하트비트heartbeat, 즉 엄마의 심장 박동 소리다. 그 소리는 한 사람의 삶 전체를 따라다닌다. 편히 쉬고 있을 때 1분당 심박수는 60~80회쯤 된다. 발라드 음악과 비슷한 비트다. 물론 발라드는 듣기에 편하고 가사도 감미롭다. 하지만 우리가 발라드를 좋아하는 또 다른 이유가 바로 여기에 있다. 발라드의 템포가 엄마 배 속에 있을 때 들었던 심박수와 거의 일치하기 때문이다(임신 중에 조깅을 즐겼던 엄마의 경우는 예외!).

> **음악 루틴 : 상황별 비트 선택법**
>
> 음악의 템포와 심박수 사이의 비율을 잘 이용하면 일상생활에 큰 도움이 된다.
>
> 운동, 청소 등 몸을 많이 움직이는 일을 해야 할 때는 해당 행위를 할 때의 심박수보다 살짝 더 빠른 템포의 음악을 듣는 게 좋다. 이를 테면 조깅을 할 때에는 130~140bpm 정도가 적당하다.
>
> 쉬고 싶을 때, 눈을 감고 양손을 가슴에 모은 채 명상에 빠지고 싶을 때에는 60~80bpm 정도가 좋다. 모두들 바쁘게 사는 건 알지만 이 명상 훈련을 일주일에 한 번은 하길 권한다. 중장기적으로 볼 때 그게 돈을 아끼는 방법이다. 스트레스와 피로를 푼답시고 거금을 치르고 몰디브 바닷가에 가야 하는 사태는 벌어지지 않을 테니까!

아기 때 음악을 인지하는 방식

아기들이 태어날 때부터 가장 좋아하는 소리는 단연 엄마 목소리다. 아빠 목소리도 좋아한다. 그 밖에도 아기들이 유독 좋아하는 소리가 몇 가지 있다. 주로 엄마 배 속에서부터 자주 들은 소리들이다. 이 주장을 뒷받침하는 연구 결과도 많다. 갓난아기들이 엄마 배 속에서 들은 소리나 음악을 기억한다는 것이다. 그런데 그 기간이 3주 정도로 생각보다 짧다. 이건 비보悲報인 동시에 희소식이다. 태아 시절 그다지 아름다운 소리를 많이 들려주지 못했더라도 그게 내 2세한테 악영향을 크게 미치지 않는다는 뜻이기 때문이다.

갓난아기들에게는 음악 감상보다 더 중요한 일들이 많다. 살아남으려면 먼저 엄마 젖을 물고 빠는 방법부터 익혀야 한다. '살인 미소'로 어른들을 홀리는 법, 무언가를 손에 쥐는 법도 배워야 한다. 하지만 생후 2~4개월부터는 음악적 취향이 발달하기 시작한다. 아기들은 불협화음보다는 협화음으로 부드럽게 이어지는 멜로디를 확실히 더 좋아한다. 학자들이 이른바 '고개 돌리기' 실험을 통해 이 가설을 입증했다. 부드러운 협화음 소리가 나는 음악상자 쪽으로 고개를 돌린 횟수가 압도적으로 많았던 것이다. 어른인 나도 충분히 납득이 가는 실험 결과다. 학자들은 눈동자의 움직임과 심장 박동, 고무젖꼭지를 빠는 횟수 등도 아기들의 음악적 취향을 판단하는 기준으로 삼았다고 한다. 학술 실험치고는 꽤 귀여운 기준들이라는 생각이 든다.

아기들이 생후 5개월부터 언어 능력을 발휘하기 시작한다는 실험 결과도 있다. 그 월령에 이미 사투리를 구분할 수 있다고 한다! 믿기지 않지만, 실험 결과가 증명했다. 연구자들은 아기에게 영국식 영어와 미국식 영어를 번갈아가며 들려주었다. 이번에도 판단 기준은 고개를 돌리는 방향이나 횟수였다.

음악은 갓난아기의 언어 발달에 매우 긍정적인 영향을 미친다. 아기들이 모국어의 리듬과 발음을 익힐 때 각 소리의 높이나 강세의 위치도 함께 익히기 때문이다. 아이를 키워본 부모라면 아기 옹알이가 노랫소리와 비슷하다는 생각을 한번쯤 했을 것이다. 그렇다면 아기들의 언어 발달에 도움을 주려면 어떤 음악을 들려줘야 할까? 가장 큰 도움이 되는 음악은 바로 '라이브 뮤직', 그중에서도 부모가 들려주는 노랫소리다. 노래 실력이 남들에 비해 좀 부족하다 하더라도 위축될 필요가 전혀 없다. 지나치게 큰 목소리, 강한 샤우팅만 아니면 된다. 그 외에는 특별히 조심할 게 없다.

부모는 본능적으로 아기에게 도움이 되는 보이스와 톤을 선택하게 되어 있다. 부모가 아니더라도 마찬가지다. 어른들은 대개 아기에게 톤을 살짝 올린 맑고 밝은 목소리로 이야기한다. 아기에게 노래를 불러줄 때도 이러한 본능이 저절로 발동한다. 아기에 대한 애정을 듬뿍 담아 노래하는 것만으로 충분하다.

어릴 때 들은 자장가의 마법

자장가는 인류가 지구상에서 멸종되지 않고 살아남게 한 중대한 요인 중 하나다. 이 주장을 뒷받침하는 획기적인 연구 결과도 그간 무수히 쏟아졌다. 그중 하나가 자장가를 들으면 갓난아기들의 체내 코르티솔 분비량이 달라진다는 것이었다. 아기들의 타액을 채취해 검사해 봤더니 나온 결과였다. 기분 좋고 행복한 아기들이 입을 헤벌리고 침을 흘리며 자는 모습을 본 적이 꽤나 많을 것이다. 부모라면 누구나 다 아는 사실이기도 하다.

자장가 덕분에 더 많이 분비된 코르티솔은 무기력한 아기에게는 힘을 주고 지나치게 흥분한 아기는 진정시키는 효과를 지니고 있다. 자라나는 아기들은 어느 쪽으로든 극단적으로 치우치면 안 된다. 너무 얌전한 것도, 너무 활동적인 것도 아이의 발달을 저해할 수 있다. 그런데 신기하게도 자장가가 양 극단의 단점들을 보완해 주는 기능을 지니고 있다고 한다. 진화학에서는 어린 시절 부모의 자장가를 들으며 자란 아이들의 생존력이 더 강하다고까지 주장한다.

자장가는 부모와 아기 사이의 애착 관계 형성에도 지대한 역할을 수행한다. 자장가의 역사는 수천 년이 넘는다. 전 세계 자장가에는 문화권을 불문하고 나타나는 공통점이 몇 가지 있다. 첫째, 멜로디 라인이 대개 고음에서 시작해 천천히, 편안하게 저음으로 이동한다. 둘째, 음정의 간격이 크지 않다. 고음과 저음이 널뛰듯 오르락내리락하지 않기 때문에 노래를 잘 부르지 못하는 사람도 쉽게 따라 부를 수 있다. 셋째, 부르고 또 불러도, 듣고 또 들어도 질리지 않는다. '콘서트' 내내 한 레퍼토리만 부르고, 앙코르곡으로 똑같은 곡을 다시 들려줘도 된다. 듣는 아기들도 좋아한다. 어린아이들은 원래 재미있는 노래나 영상을 발견하면 몇 번이고 '다시 듣기/다시 보기' 버튼을 누른다.

갓난아기와 어린아이들은 자장가를 확실히 좋아한다. 갓난아기들을 대상으로 재미있는 실험을 한 적이 있다. 아기들에게 엄마의 모습을 찍은 영상을 보여주는 실험이었다. 엄마가 책을 읽거나 무언가를 말하는 모습을 보여줬을 때에도 아기들의 반응이 나쁘지 않았다. 하지만 엄마가 노래 부르는 모습이 나오자 집중력이 최고조에 달했다. 눈빛이 더 반짝반짝하고 말똥말똥해졌고, 미소도 더 자주 지었다. 말하자면 아기들에게 '엄마표 MTV 채널'을 틀어준 것이었다.

이 외에도 아기들에게 노래를 불러줘야 할 이유는 수두룩하다. 그중 몇 가지만 이야기해 보자면 다음과 같다.

♪ 엄마와 아빠가 아기에게 노래를 불러주는 행위는 디지털이 아닌 아날로그 방식의 '예능 프로그램'이다.
♪ 그 아날로그 방식의 예능 프로그램이 아이의 언어 능력을 향상시킨다.
♪ 엄마의 말보다 엄마의 노래가 아기의 뇌 속 더 많은 영역을 자극한다.
♪ 자장가 듣기나 잠들기 패턴 훈련은 아기가 생활 리듬을 확보하는 데 도움이 된다.
♪ 엄마나 아빠 중 한 명이 노래를 불러줄 때에도 아기와의 애착 관계가 강화되지만, 둘이 함께 부를 때 세 사람의 애착은 더 강해진다.

♩ 아기에게 자장가를 불러주는 것은 엄마나 아빠에게도 도움이 된다. 노래를 부르면 긴장이 풀리고 행복 호르몬이 샘솟기 때문이다. 그리고 엄마나 아빠가 기분이 좋으면 그 좋은 기분이 아이에게도 전달된다. 그러니 안심하고 아이 앞에서 마음껏 노래를 불러도 된다. 지금 요람에 누워 있는 그 아이보다 너그러운 청중은 세상 어디에 가도 찾을 수 없다. '음 이탈' 현상이 일어나도 아기들은 표정을 찡그리지 않는다. 그 아기가 자라 어쩌면 갱스터 랩 gangster rap에 빠지지 않을까? 아이의 음악적 취향은 부모가 뭐라 한다고 해서 바뀌는 게 아니다. 나중에 어떤 장르를 좋아하게 될지는 모르겠지만, 일단 고요한 자장가부터 많이 들려줘 보자.

♩ 자장가의 가장 중요한 효용은 아이에게 기본적인 음악적 소양을 심어준다는 것이다. 아기 때 무의식적으로 노래를 들으며 생긴 음감은 분명 훗날 아이 인생에 큰 장점과 기회로 작용할 것이다.

어린 시절 들은 음악이 우리에게 미친 영향

아기들은 생후 12개월쯤부터 음악의 차이를 구분해 낸다. 심지어 조성 변화도 감지한다. 쉬운 동요나 민요를 아기들에게 들려주는 실험을 했는데, 갑자기 전조轉調 즉 조바꿈을 하자 눈에 띄는 반응을 보였다. 멜로디의 흐름을 바꾸지는 않았다. 같은 멜로디를 다른 조성으로 옮기기만 한 것이었는데도 뚜렷한 반응을 볼 수 있었다. 이 말을 듣고 '진짜? 어른인 나조차도 노래의 조성 변화를 잘 모르는데 아기들이 그걸 안다고?'라고 생각하는 독자들이 있겠지만, 본인의 음악 실력이 아기들보다 뒤처진다 해서 자괴감에 빠질 필요는 없다.

모두가 조성이 바뀌었다는 사실을 인지한다. 우리가 살면서 들은 팝송 중에도 조바꿈을 한 노래가 수천 곡이 넘는다. 조바꿈이란 쉽게 말해 시프트 키shift key를 누르는 행위다. 시프트 키를 누르는 순간 잘 흘러가던 멜로디가 반음이나 온음 위로 덜커덕 올라간다. 이러한 조바꿈 현상은 대개 후렴구가 다시 나오는 대목, 앞서 나왔던 후렴구를 다시 부르기 직전에 나타난다. 조바꿈은 작곡가들이 더 이상 머릿속에 아이디어가 떠오르지 않을 때 일종의 '만능 키'처럼 활용하는 트릭에 불과하다고 비판하는 목소리도 많다. 뭔가 새로운 것인 양 등장하지만, 알고 보면 새로운 게 하나도 없는 '귓속임'에 불과하다는 것이다. 그러거나 말거나 조바꿈의 효과는 입증되었다. 아기들도 조바꿈이 있을 때마다 귀를 좀 더 쫑긋 기울인다는 사실이 밝혀졌으니 말이다.

월령 14개월쯤부터는 음악이 긍정적인 반응을 유도한다. 음악에 맞춰 몸을 움직인 아기들의 공감 능력이 그렇지 않은 아기들보다 더 높다는 연구 결과도 있다. 실험에서 연구자가 아기의 겨드랑이를 잡고 음악에 맞춰 통통 팅기면서 점프를 하게 만들다가 연필 하나를 슬쩍 떨어뜨렸는데, 몸을 움직인 아기들 중 연필

I 상상도 못 한 뇌의 원동력

을 주우려는 제스처를 취한 아기가 더 많았던 것이다. 그런데 신기하게도 점프 리듬과 음악의 박자가 일치하지 않았을 경우에는 연필을 줍는 동작을 취한 아기가 그다지 많지 않았다.

유아들끼리 놀 때에도 음악의 긍정적 효과를 입증할 수 있었다. 아이들을 몇몇 그룹으로 나누어 실험한 결과, 배경 음악이 나오는 공간에서 놀이를 한 아이들이 더 잘 어울리고 서로 더 잘 도와주었다고 한다.

이렇듯 음악은 아이들 개개인의 정신적, 신체적 발달을 도울 뿐만 아니라 사회성을 함양하는 데도 큰 보탬이 된다.

우리가 어릴 때 악기를 배운 이유

아주 어릴 적 기억이 많이 남아 있지는 않지만, 북 치는 방법을 배웠던 것은 기억난다. 아빠가 쿠션 두 개를 바닥에 깔고 기본 박자를 가르쳐주었다. 나는 오른손으로는 하나-둘-셋-넷의 기본 박자를 두드리고, 왼손으로는 두 번째와 네 번째 박자만 치는 연습을 했다. 그러다가 어느 날 악기를 교체했다. 쿠션이 냄비 뚜껑으로 바뀐 것이다. 나는 냄비 뚜껑이 내는 덜거덕거리고 챙챙 울리는 소리가 좋았다. 나에게는 냄비 뚜껑이 심벌즈였다. 바닥에 엎어 놓고 목이 긴 요리용 나무 스푼으로 신나게 두드리기만 하면 되었다. 커다란 압력솥은 톰톰tom-tom으로 변신시켰고, 중간 사이즈의 프라이팬을 스네어 드럼snare drum으로 활용했다. 어린 시절 나는 그렇게 틈만 나면 싱크대 하부 장을 활짝 열고 나만의 세트 드럼set drum을 조합했다.

나만의 톰톰이 원래 용도에 충실하고 있을 때조차 나는 포기하지 않았다. 두 팔을 쭉 뻗어 가스레인지 위에 놓여 있는 압력솥을 조심스레 바닥에 내려놓았다. 뜨겁지는 않았지만 묵직했다. '콘서트' 결과, 토마토소스와 스파게티 면발이 온 바닥으로 튀었다. 거실에 있던 엄마가 깜짝 놀라 주방으로 달려왔고, 유혈이 낭자하는 호러 영화의 한 장면을 방불케 하는 그 광경을 목격하고 말았다. 주방 바닥 전체가 시뻘겋게 물들어 있었다. 그로부터 얼마 뒤, 엄마는 내게 리코더를 사주었다.

통계적으로 입문자들이 가장 많이 선택하는 악기는 타악기, 리코더, 기타, 바이올린, 피아노라고 한다. 그중 무엇을 선택해도 상관없다. 어느 악기가 되었든 아이에게 악기를 가르치겠다는 것은 좋은 아이디어다. 학자들이 말하는 전이 효과transfer effects, 즉 한 분야의 학습 능력이 다른 분야의 실력 향상에 미치는 효과도 엄청나다.

1. 인지 능력 발달

"음악이 아이의 지능을 향상시킨다"라는 말은 음악 교육학자들이 쓴 논문에 단골로 등장하는 말이다. 근거 없는 이야기가 아니다. 캐나다에서 67명의 아이들에게 3년 넘게 피아노 레슨을 받게 한 후 IQ 테스트를 실시했더니 같은 기간 동안 음악 수업을 받지 않은 아이들에 비해 IQ가 높게 나왔다.[2] 다른 연구에서도 비슷한 결과가 나왔다. 악기를 배우면 집중력과 주의력이 높아진다. 기억력이 향상되고, 정보를 처리하는 능력도 좋아진다. 이른바 인지적 자기 조절cognitive self-regulation 능력이 향상되는 것이다.

2. 감성 발달

악기를 배우다 보면 자신감이 샘솟는다. 연주 실력이 조금씩 늘 때마다 성취감과 함께 자신감도 쑥쑥 자랄 수밖에 없다. 자신의 감정을 세세하게 구분하고 처리하는 능력도 좋아진다. 스트레스와 폭력성도 줄어든다.

3. 언어 능력 향상

어린이집, 유치원, 초등학교에서 하는 음악 수업은 아이의 언어 능력 발달에 도움이 된다. 말이나 문장, 어법에도 음악처럼

---

[2] IQ 테스트가 말도 많고 탈도 많은 것이 사실이다. 검사 당일의 컨디션에 따라 결과가 완전히 달라질 수도 있다. 3주간 어느 조용한 해변에 가서 아무것도 하지 않고 푹 쉬다 온 뒤 IQ를 재면 평소보다 약 20점쯤 낮게 나온다고 주장하는 학자도 있다. 쉬는 동안 모든 게 '스톱'하기 때문이다. 휴양지에서 골치 아픈 생각을 떠올리고 싶은 사람은 아무도 없다. 그저 넋 놓고 신나게 놀고 싶은 마음뿐이다. 하지만 악기 연주는 넋을 내려놓는 행위가 아니다. 악기 연주가 일종의 '두뇌 조깅'이라는 사실이 신경 과학적으로도 입증되었다. 장기간의 EEG(뇌파)와 MRI(자기공명영상) 검사를 통해 두뇌 활동이 촉진된다는 사실이 드러난 것이다.

멜로디가 있기 때문이다. 'A-B-C-D-E-F-G…'의 알파벳도 무미건조하게 읽을 때보다 노래로 부르면 훨씬 더 가볍고 발랄한 느낌을 준다. 유튜브에 올라온 〈알파벳 송 Alphabet Song〉의 조회수가 몇천만 회에 달하는 이유다.

4. 자아 발달

음악은 인성 발달에 도움이 된다. 한 곡을 열심히 연습하다 보면 목표 의식이 뚜렷해지고, 자기가 배우기 시작한 악기를 어느 정도 다룰 수 있게 되는 시점부터 '그래, 나도 할 수 있어!'라는 자신감도 싹튼다. 그리고 그 성취감이 다른 분야에도 긍정적인 영향을 미친다. 악기를 배워본 경험이 있는 아이들이 나중에 취업을 할 때에도 더 유리하다고 한다.

커가면서 아이들은 자기만의 음악적 취향을 발견한다. 그와 더불어 자아도 발달한다. 물론 인간의 자의식은 롤 모델을 통해서도 형성된다. 하지만 이보다 더 중요한 문제는 무엇을 보고 듣느냐 하는 것이다.

5. 창의력 발달

악기를 연주하면 두뇌 활동이 활발해진다. 왼손과 오른손을 동시에 사용하는 것이 좌뇌와 우뇌의 결합에 도움이 되고 이로 인해 창의력이 향상된다고 주장한 논문들도 꽤 있다. 하지만 여기에 의문을 제기하는 신경 과학자도 많다. 신경 과학자들은 뇌과학계의 발표와 달리 좌뇌와 우뇌가 원래부터 서로 협동하는 사이라 말한다.

독일의 보훔대학교 연구진들이 타악기를 연주한 피실험자들의 좌뇌와 우뇌를 연결하는 신경섬유다발이 악기를 연주하지 않은 이들보다 더 두껍다고 발표하긴 했지만, 신경섬유다발이 두껍다고 해서 창의력이 높다고 확신할 수는 없다. 음악은 그 자체로, 다시 말해 멜로디를 듣거나 연주하는 것만으로도 창의력을 자극한다는 게 정설이다. 호주의 시드니대학교, 네덜란드의 라드바우드대학교, 노르웨이의 베르겐대학교에서도 이를 증명하는 연구 결과를 내놓았다.

단 창의력을 향상시키고 싶다면 신나고 경쾌한 음악을 들어야 한다. 적어도 안토니오 비발디Antonio Vivaldi의 〈사계〉를 들은 실험군이 음악을 듣지 않은 대조군보다 창의력 테스트에서 훨씬 더 높은 점수를 받은 것은 사실이다.

6. 운동 능력 발달

악기를 배우는 것은 운동 능력, 그중에서도 손재주를 향상시키는 데 이롭다. 요즘에는 모두가 스마트폰을 쥐고 살기 때문에 엄지 부근의 근육은 어차피 잘 발달되어 있다. 웃으라고 하는 말이 아니라 진짜로 그렇다(단 엄지 주변 근육의 발달과 반비례하여 집중력은 저하되고 있다!). 하지만 그러면 나머지 손가락들은? 그러므로 피아노를 권한다. 피아노를 치면 열 손가락의 근육이 골고루 발달하고 덤으로 집중력도 높아진다.

7. 사회성 향상

음악을 듣거나 연주하는 행위가 영유아뿐 아니라 학령기에 도달한 아이들의 사회성 발달에도 큰 도움이 된다는 사실이 관찰 실험으로 입증되었다. 여럿이 함께 연주하면 그 효과가 더 커진다는 결과도 나왔다. 그럴 수밖에 없다. 합주를 하면 서로 배려하고, 박자를 지키려고 노력하고, 다른 사람의 소리를 들어야 하기 때문이다.

서로의 소리를 듣고 협화음을 만들어 내는 과정에서 감정을 나눌 수 있고, 한 걸음 더 나아갔다는 느낌을 공유하며 함께 무언가를 이뤄낸 경험도 쌓인다. 연습을 하는 동안 서로 칭찬하기도 하고 누가 틀렸는지를 두고 옥신각신 말다툼하기도 한다. 그러면서 모두가 조금만 더 완벽에 가까운 퍼포먼스를 보여주자는 목표를 향해 함께 노를 젓는다.

음악이 낯선 문화에 대한 관심을 일깨우기도 한다. 음악을 듣거나 연주하다 보면 지금까지 알지 못했던 문화권을 자연스럽게 접하고, 그러다 보면 조금 더 개방적으로 사고해 모두가 하나라는 지구촌 의식이 생겨난다. 한편으로는 자신이 속한 문화권,

즉 자신의 뿌리에 대한 소속감도 강해진다.

8. 교양 쌓기

음악 수업을 받으면 교양이 높아진다. 많은 곡들을 듣거나 연주하면서 시대별 사조와 장르, 유명 아티스트들의 인생 이력 같은 것들을 접할 수밖에 없기 때문이다. 꼭 클래식이 아니어도 그렇다. 팝을 들으면서도 그 뒤에 숨은 역사적 배경을 탐구할 수 있다. 루트비히 판 베토벤Ludwig van Beethoven의 1803년 작품 〈영웅Eroica〉 교향곡을 들으면 프랑스 혁명을 둘러싼 이야기가, 제임스 브라운James Brown의 〈세이 잇 라우드 - 아임 블랙 아임 프라우드Say it loud – I'm black I'm proud〉를 듣다 보면 1960년대 흑인 인권 운동에 대해 더 알아보고 싶어진다.

지금까지 악기를 배움으로써 누릴 수 있는 여러 가지 장점들을 거론했지만, 곡을 연주하는 행위만으로 충분한 가치가 있다는 점을 잊어서는 안 된다. 악기 연주는 그 자체로 아름다우며, 개인적인 만족감을 준다. 실력이 뛰어나면 예술이 되겠지만, 그렇지 않아도 상관없다. 연주하는 것만으로 충분한 기쁨을 느낄 수 있다. 아이들에게는 그런 체험이 특히 더 중요하다.

아이들은 신나고 즐거워야 한다. 행복한 유년기를 보내느냐 그렇지 않느냐는 사회적 환경과 학교생활, 가족이 처한 상황 등에 따라 달라진다. 어떤 악기를 접하고 그 악기를 연주하는 방법을 배우는 과정이 아이들의 행복감에 긍정적으로 기여한다고 나는 믿어 의심치 않는다.

악기를 배우기에 너무 늦은 시기란 없다

몇 살쯤이면 악기 하나를 새로 배우기에 너무 늦었다고 말할 수 있을까? 정답, 그런 나이는 없다!

교육학적, 발달 심리학적 관점에서는 보통 6~8세가 악기를 손에 잡기에 적당한 나이라 한다. 그보다 이르면 아무래도 고사리처럼 작은 손이 감당하기 힘들기 때문이다. 실제로 많은 아이들이 6~8세쯤 되었을 때 악기를 배우고 싶다는 마음을 품는다. 하지만 시기를 놓쳤다고 해서 아쉬워할 필요는 없다. 악기를 배우기에 너무 늦은 시기란 존재하지 않으니 말이다.

미국의 재즈 기타리스트 웨스 몽고메리Wes Montgomery는 열아홉 살이라는 '늦은' 나이에 기타를 손에 잡았지만 음악계에 혁명을 불러일으켰다. 몽고메리는 피크pick 대신 엄지로 줄을 튕기는 새로운 주법을 선보였다. 엄지를 쓰니 훨씬 더 부드러운 소리를 낼 수 있었다. 그런데 엄지 주법을 개발하게 된 계기가 재미있다. 결혼 후에도 그가 계속 기타를 치자 아내가 너무 시끄럽다고 불평했고, 그래서 생각해 낸 게 엄지를 사용하는 연주 방법이었다.

몽고메리는 지금도 전 세계적으로 영향력이 큰 재즈 기타리스트로 손꼽힌다.

물론 학계의 권장 연령보다 더 일찍 시작하는 경우도 있다. 모차르트는 네 살 때부터 음악 수업을 받았다. 하지만 모차르트는 모차르트일 뿐, 누구에게나 적용할 수 있는 기준은 아니다.

나이가 꽤 들었지만 악기를 배우고 싶다는 이들에게는 용기 있게 시도해 보라는 충고 외에 드릴 말씀이 없다. 진입 장벽은 그 어느 때보다 낮아졌다. 어떤 악기든 초보자들이 활용하기에 좋은 교재들이 널려 있다. 인터넷에 검색해 보면 피아노나 기타 교본은 당연하고, 튜바나 트라이앵글 교재도 올라와 있다. 심지어 악기에 손을 대지 않고 전자기장 간섭을 이용해 연주하는 테레민theremin을 독학으로 배울 수 있게 안내하는 콘텐츠도 찾을 수 있다.

물론 어설프게 뚱땅뚱땅 소리를 내며 연습을 하다 보면 가족 중 누군가는 시끄러워서 못 살겠다고 반드시 불평할 것이다. 이 역시 걱정 마시라. 그런 불평을 잠재워 줄 기술 또한 이미 개발되었으니까!

다만 악기를 배울 때 싸구려 악기에는 눈길도 주지 않길 바란다. 자녀가 쓸 악기든 본인이 직접 쓸 악기든, 조악한 악기는 피하는 것이 좋다. 물론 좋은 악기를 구입하려면 그만큼 돈이 든다. 그렇기에 '값비싼 악기를 덜컥 샀는데 금세 싫증이 나서 배우고 싶은 마음이 사라져 버리면 어떡하지? 헛돈만 쓴 꼴이 되면 어떡하지?'와 같은 걱정이 들 수밖에 없다. 그런데 장난감 수준의 싸구려 악기를 가지고 연습하면 그 악기에 흥미를 더 빨리 잃을 확률이 높다. 울림이 좋은 악기로 연습할 때 받는 느낌과 영감은 싸구려 악기로 연습할 때와 비교하면 그야말로 천지 차이다.

돈은 부족하지만 좋은 악기를 사고 싶다면 중고 시장을 알아보는 것도 나쁘지 않다. 꽤 괜찮은 악기라면, 행여나 싫증이 나더라도 중고 시장에 되팔 수 있다. 이름 난 브랜드가 만든 악기의 중고 시세는 꽤 안정적이다. 싸구려 악기만큼 사자마자 헐값으로 떨어지지 않는다.

새로운 재주를 습득할 수 있는 시기가 유년기나 청소년기로만 제한되어 있는 것은 아니다. 2003년 하버드메디컬스쿨의 연구팀은 평균 약 60세의 연배인 이들을 대상으로 저글링을 가르치는 실험을 실시했다. 피실험자 중 저글링 연습 경험이 있는 이는 한 명도 없었다. 결과적으로는 3개월 만에 뇌 속에서 시각적·공간적 정보를 처리하는 영역의 기능이 눈에 띄게 향상되었다. 후진 주차를 할 때 특히 더 필요한 능력이 발달한 셈이다.

독일계 미국인 신경학자 겸 심리학자인 슈테판 쾰슈Stefan Koelsch도 마침 그때 하버드메디컬스쿨에 재직 중이었다. 쾰슈는 직접 피실험자가 되어 보기로 결심했다. 몇 년간 손대지 않았던 바이올린을 다시 잡은 것이다. 정해진 스케줄에 따라 바이올린을 켠 뒤 퀼슈는 동료에게 자신의 뇌를 스캔해 달라고 부탁했다. 그 결과도 아주 흥미로웠다. 몇 달 정도 연습했을 뿐인데 뇌 기능이 상당히 개선된 것을 알 수 있었다. 특히 자발적 운동을 조절하는 뇌 영역인 운동 피질motor cortex의 크기가 커져 있었다.

무언가를 새로 배우거나 복습하는 행위는 신경 세포, 즉 뉴런과 뉴런을 더 많이 연결해 준다. 새로운 시냅스synapse와 돌기spine가 생겨나는 것이다. 인간의 신경 세포는 자주 사용하지 않으면 연결이 끊어지고 기능이 줄어든다. 자꾸 사용해야 뇌세포망이 발달한다.

모차르트 효과의 신화

'모차르트 효과'에 대해서는 말도 많고 탈도 많다. 〈아이네 클라이네 나흐트무지크Eine Kleine Nachtmusik〉가 담긴 CD만 틀어주면 자녀가 똑똑해진다고 믿는 부모가 많다. 이 방식은 수업료나 상담료도 들지 않는다!

그런데 과연 그럴까? 그렇게 간단한 문제가 아니다. 모차르트 효과를 둘러싼 '전설'은 1993년에 시작됐다. 캘리포니아대학교 어바인 캠퍼스의 연구팀은 재학생 36명에게 10분 동안 볼프강 아마데우스 모차르트Wolfgang Amadeus Mozart의 소나타 제1악장, 〈두 대의 피아노를 위한 소나타 D장조, 쾨헬 448번〉을 들려주었다. 그런 다음 실험 참가자들에게 까다로운 공간 추리력 문제를 풀게 했다. 그에 앞서 다른 학생 그룹에게는 10분간 모차르트가 아닌 가볍게 들을 수 있는 음악을 들려주고 똑같은 과제를 내주었다.

결과적으로 모차르트를 들은 그룹의 점수가 더 높았다는 것이 실험의 결론이다. 이 연구 결과가 그 이름도 유명한 과학 잡지 《네이처Nature》에 실리자 각종 보도 매체들이 벌 떼처럼 달려들었다. 언론사들은 해당 연구 프로젝트의 원래 제목인 '음악과 공간 추리력'에 좀 더 자극적인 양념을 뿌렸다.

모차르트 효과라는 말은 이렇게 탄생했다. 반응은 폭발적이었다. 많은 매체들이 앞다투어 기사를 내보냈다. 들어도 무슨 말인지 잘 모를 법한 복잡한 내용은 과감히 쳐내고 기적적인 연구 결과만 보도하기에 바빴다. 그 덕분에 미국 조지아주는 산모 모두에게 모차르트 음악이 담긴 CD를 무상으로 제공하기 위해 연간 10만 5천 달러의 예산을 책정했다. 테네시주도 유치원에 하루에 한 시간은 모차르트 음악을 들려주라는 지시를 내렸다.

이후 다른 연구 기관들이 모차르트 효과를 검증하는 실험을 했지만, 결과는 부정적이었다. 어바인 캠퍼스의 실험 방식에 대한 문제점도 제기되었다. 실험 참가자가 36명밖에 되지 않는다는 것부터가 대표성이 떨어지고, 실험 결과에 대한 신뢰도 또한 보장할 수 없다는 지적이 나왔다.

그러거나 말거나 어바인 캠퍼스의 프랜시스 라우셔Frances Rauscher 교수팀은 자신들의 신념을 꺾지 않았다. 라우셔는 동료 교수인 고든 쇼Gordon Shaw와 손잡고 모차르트 효과를 바탕으로 하는 CD와 책, 소프트웨어 프로그램 들을 출시했다. 라우셔와 쇼 교수는 "모차르트를 들으면 더 똑똑해집니다"라는 홍보 문구를 내세운 연구 기관까지 설립하고, 심지어 쥐들에게서도 모차르트 효과를 확인할 수 있었다는 실험 결과를 발표했다.

하지만 자세히 들여다보니 실험 설계와 과정이 수준 이하였다. 연구자들은 생쥐에게 모차르트 음악을 들려준 뒤 미로의 출구를 찾게 했다. 결과가 놀랍기는 했다. 모차르트 음악을 들은 쥐들이 그렇지 않은 쥐들보다 목표 지점에 더 빨리 도달한 것이다. 문제는 그 실험에 태어난 지 얼마 되지 않은 어린 쥐들을 투입했다는 것이다. 쥐들은 출생 직후 얼마 동안은 귀가 들리지 않는데, 이 사실을 간과한 것이다.

라우셔의 실험 결과를 의심의 눈초리로 바라보던 학자들은 해당 실험에 투입된 쥐들의 태어난 개월 수를 고려할 때 쥐들이 라우셔가 들려준 음악이 내뿜는 주파수의 31퍼센트밖에 듣지 못했을 것이라 비판했다. 사실 31퍼센트도 매우 너그럽게 잡은 수치였다. 그러자 모차르트 효과라는 신화에 대한 신뢰가 바닥으로 뚝 떨어졌다.

그런데도 모차르트 효과에 대한 믿음은 여전히 굳건해 전 세계적으로 큰돈을 벌어들이고 있다. 하노버 음악·연극 미디어대학교의 에카르트 알텐밀러Eckart Altenmüller 교수는 음악 감상이 우뇌의 혈액 순환을 촉진한다고 말한다. 우뇌의 혈액 순환이 원활해지면 기분이 좋아지고, 기분이 좋아지면 공감각적 추리 능력이 향상된다. 하지만 알텐밀러에 따르면 이 효과가 비단 모차르트에게만 국한된 것은 아니라고 한다. 아이에게 다른 작곡가의 음악을 들려주거나 짧은 동화를 읽어줄 때에도 같은 효과가 발생한다는 것이다.

결론적으로 모차르트 음악을 비롯한 모든 음악이 집중력이 필요할 때 두뇌 활동에 긍정적 영향을 미친다고 말할 수 있다. 음악 때문에 해가 될 일은 거의 없다. 유일한 피해라면 효과를 잔뜩 부풀려 광고하는 값비싼 제품을 구입하느라 쓸데없이 지갑이 얇아진다는 것 정도다.

음악과 지능의 상관관계

음악과 지능의 상관관계를 자세히 알기 위해서는 먼저 수동적으로 음악을 감상하는 것과 능동적으로 악기를 연주하는 것 사이에 구분 선을 그어야 한다.

수동적 음악 감상

10분간 적절한 음악을 들으면 IQ가 10 정도 높아지고 그 상태가 그 뒤로도 꾸준히 유지된다는 말은 환상에 불과하다. 그런 기적은 어디에도 존재하지 않는다. 단 음악 감상이 단기적으로는 창의력과 집중력을 향상시켜 줄 때가 있다. 음악이 스트레스를 줄여준다는 사실도 학술적으로 입증되었고, 스트레스가 줄어들면 머리가 맑아지니 집중이 더 잘되는 선순환을 기대할 수 있는 것이다.

몇 년 전 언론에 이상한 뉴스가 떠돌았다. 비욘세Beyoncé나 릴 웨인Lil Wayne의 노래, 혹은 파나마에서 시작한 스페인어 레게 음악인 레게톤reggaeton을 들으면 머리가 나빠지고, 밥 딜런Bob Dylan이나 베토벤, 라디오헤드Radiohead처럼 수준 높은 음악을 들으면 머리가 좋아진다는 내용이었다.

이러한 주장은 어느 애플리케이션 개발자가 발표한 점수표에 근거했다. 그는 가입자들이 주로 듣는 음악과 지적 능력에 관한 데이터를 수집한 뒤 두 지표를 비교 분석했다. 그 데이터 분석 프로그램의 제목은 '당신을 멍청하게 만드는 음악'이었다. 누가 봐도 장난과 풍자를 담은, 재미 삼아 진행한 프로젝트였고, 원인과 결과가 뒤바뀔 수도 있는 연구였다. 이른바 '수영 선수의 몸에 대한 환상Swimmer's Body Illusion'이라는 오류가 그 뒤에 숨어 있을 수 있다는 뜻이다. 세계 최정상급 수영 선수들이 과연 피나는 훈련을 통해 그 수준에 도달했을까? 타고난 체질과 체력 덕분이었을 가능성이 더 크지 않을까? 그게 아니라면 최정상급 수영 선수보다 더 피땀 흘리며 훈련하는 이들은 왜 올림픽 출전 자격조차 따지 못하는 것일까? 수영 선수의 몸에 대한 환상을 위 신문 기사에 대입하면 '밥 딜런을 들어서 똑똑해진 게 아니라 원래 똑똑하기 때문에 밥 딜런을 듣는 게 아닐까?', '비욘세에게 환호성을 던지는 이들은 이미 머리가 나쁜 이들이 아니었을까?'라고 물을 수 있는 셈이다.

한편 이지 리스닝easy listening 음악, 들으면 마음이 편안해지는 음악이 두뇌 회전에 도움이 된다는 사실을 입증하는 사례는 꽤 많다. 생각이 많아 머리에 김이 날 것 같을 때 가벼운 음악, 듣기 편한 음악을 들으면 머리를 식힐 수 있다.

능동적 악기 연주

수동적 감상보다는 능동적 연주가 아이의 지능 발달에 더 도움이 되는 것은 확실해 보인다. 악기를 연주하면 앞서 소개한 전이 효과가 상당히 크다고 말하는 학자들이 적지 않다. 아이에게 도움이 되는 것이 어른에게 해로울 리는 만무하다. 음악은 연령대를 불문하고 두뇌 조깅 효과를 발생시킨다.

2019년 《교육 심리학 저널Journal of Educational Psychology》에 연구 결과 하나가 실렸다. 무려 11만 2천 916명의 캐나다 중고등학생을 관찰한 연구 결과였다. 실험 참가자 중 10퍼센트 이상이 음악 활동을 하는 학생이었는데, 그 아이들의 학업 성적이 최상위권이었다. 물론 여기에도 수영 선수의 몸에 대한 환상의 오류가 개입했을 여지가 없지 않다. 좋은 집안에서 똑똑한 머리를 타고난 아이들이 어쩌다 악기까지 배운 것일 가능성을 배제할 수 없다는 말이다. 그렇다 하더라도 악기 연주가 감성 발달에 미치는 영향을 부인하긴 어렵다. 취약 계층이라 음악을 접하기 힘든 아이들이 많은데, 그렇기에 취약 가정에 속한 아이들에게 더더욱 음악을 능동적으로 접할 수 있는 기회를 주어야 한다.

음악 루틴 : 집중해서 일을 처리해야 할 때

아직 어떤 악기도 다룰 줄 모른다면 최소한 지금보다 음악을 더 많이 듣기를 권장한다. 음악 감상이 여러모로 긍정적인 자극을 주기 때문이다. 조금 더 효과적으로 음악을 감상하는 방법을 알려주자면 다음과 같다.

일단 노래 하나를 골라 가사를 인터넷에서 찾아보자. 필요하다면 가사를 종이에 인쇄하는 것도 좋은 방법이다. 노래는 아직은 처음부터 끝까지 외워서 따라 부르지 못하는 곡으로 선택하는 것이 좋다. 그러면 '어랏, 가사가 이런 거였어?'라는 생각이 들지도 모른다.

자, 지금부터가 중요하다. 이제 그 곡을 틀어놓고 따라 부른다. 틀려도 괜찮다. 뭐라고 할 사람은 아무도 없다고 생각하고, 그냥 되는 대로 용감하게 소리 내어 따라 부르자. 이때 중요한 것은 끝까지 부르는 것이다. 재미있다 싶으면 여러 차례 반복해서 따라 부르고, 이 노래는 이 정도로 충분하다 싶으면 다른 노래로 넘어가자. 이렇게 노래 몇 곡을 연습한 뒤 일을 시작하면 평소보다 집중력이 더 높아진다는 사실을 체감할 수 있다.

나는 빌리 조엘Billy Joel의 〈마이애미 2017〉이 집중력 향상 도구였다. 아름답고 단조롭지 않은 멜로디인데, 뒷부분에서는 다이내믹해진다. 이런 종류의 음악을 들으면 대개 집중력이 향상되고 동기도 부여된다.

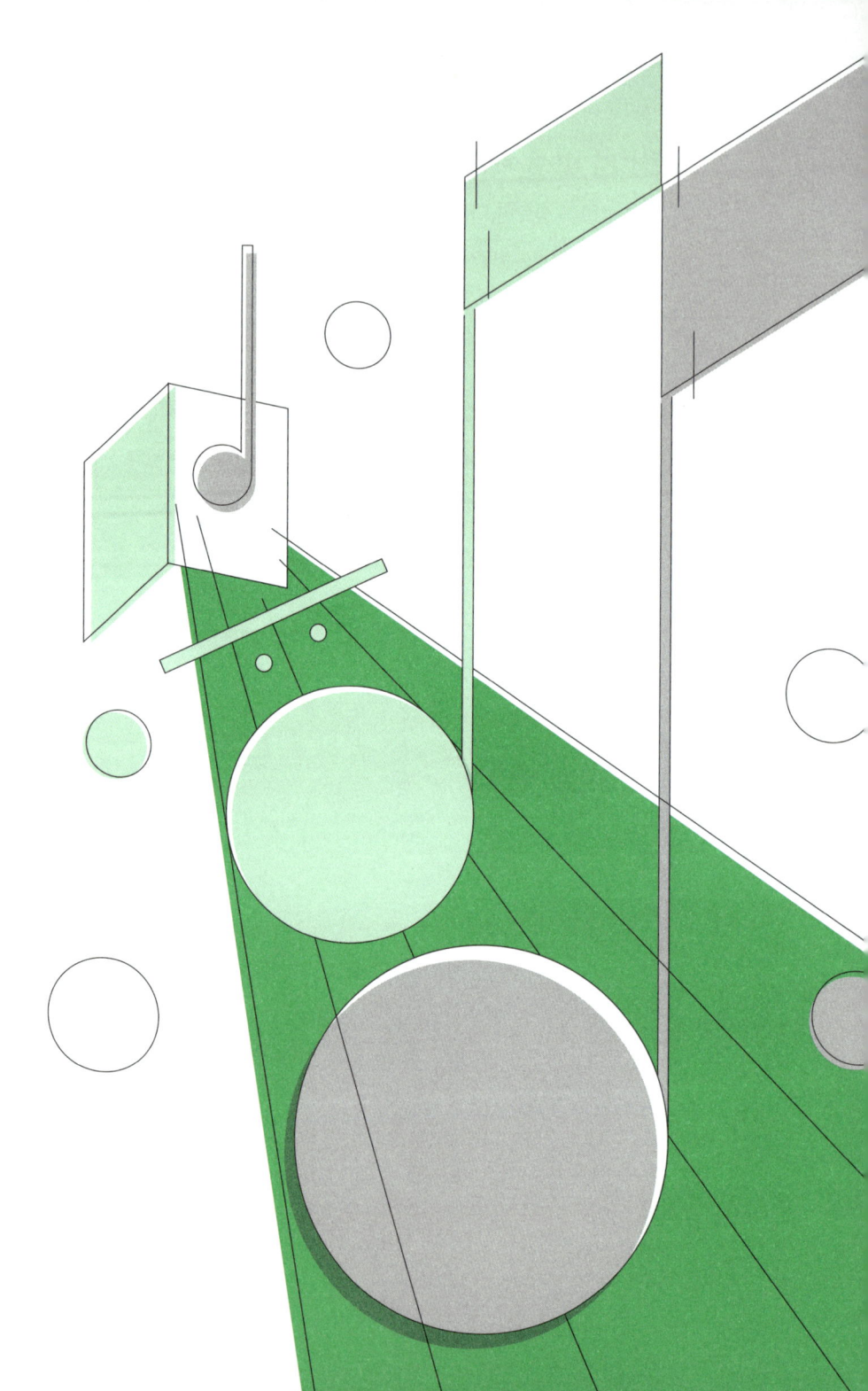

II

타인의 마음을 움직이는 법

음악은 어떻게 감정을 불러일으키는가

심리:
욕실 안 콘서트로 긍정적 자기 인식을

> 어느 지점에 도달한 이후부터는
> 음악은 더 이상 내 것이 아닙니다.
> 그것은 당신들의 것입니다.
> – 필 콜린스 Phil Collins(1951~)

현대인이라면 대부분 아침마다 몸이 찌뿌둥하고 저녁이 되면 쌩쌩해지는 고질적인 문제를 안고 있다. 이 문제를 '올바른' 플레이리스트로 해결할 수 있다. 노래를 들으며 편안히 잠들고, 노래 덕분에 아침에 개운하게 일어날 수 있다는 말이다. 이번 장에서는 아침에 듣기에 적절한 플레이리스트와 더불어 샤워할 때 어떤 노래를 듣거나 불러야 자존감이 높아지는지, 왜 사람들은 녹음한 자신의 목소리를 처음 들을 때 당황하는지와 같은 주제들을 다뤄보고자 한다. 나아가 귓전을 맴도는 멜로디들, 멸종 위기에 처했다는 그 '귀벌레earworm'에 대해서도 살펴보자. '아, 일어나기 싫어. 왜 이렇게 몸이 무겁지?'와 같은 생각도 엄밀하게 따지면 귀벌레에 속한다고 할 수 있다.

잠들지 못하는 당신을 위한 음악 감상법

음악은 밤잠 못 이루고 뒤척이는 이들에게 달콤한 시간을 선물한다. 수많은 아기들이 (자신들의 의사를 또렷이 피력할 수 있는 능력만 있다면) 증인으로 나설 것이다. 이 의견에 동의하는 의학자도 많다. '음악 처방'으로 극심한 수면 장애를 치료했다는 사실을 증언해 줄 의사가 수두룩한 것이다. 게다가 음악이라는 이름의 수면제는 부작용도 없다. 실제 알약을 삼키는 게 아니라 CD만 틀면 되는 처방이기 때문이다. 만성적 기저 질환이 없는 환자, 그저 쉽게 잠들고 싶은 환자들에게 음악은 실제로 큰 도움이 된다.

불면증 환자에게 시끄러운 음악을 권할 의사는 당연히 없다. 잠들기 전에 듣는 음악은 기본적으로 템포나 볼륨이 극렬하게 바뀌지 않아야 한다. 가슴이 철렁할 만큼의 '서프라이즈'도 없어야 한다. 앞서 소개한 슈테판 쾰슈 교수의 말에 따르면 그렇다.

그는 미리 만들어 놓은 자장가 플레이리스트나 잠들기에 적합하다고 생각해서 점찍어 둔 단 한 개의 곡만 반복해서 들으라 권한다. 그래야 그 플레이리스트나 곡이 조건 자극$^{conditioned\ stimulus}$을 일으켜 편안히 잠들 수 있기 때문이다. 단 버스를 타고 어딘가로 이동할 때는 재생하지 말 것! 까딱하다가는 내가 타고 있는 버스의 종점이 어디인지를 확인하는 사태가 벌어질 수 있다!

잠들기 전에 들을 만한 노래로 나는 빌리 조엘의 〈룰라바이(굿 나이트 마이 에인절)Lullabye(Goodnight, my angel)〉을 추천하고 싶다. 1997년에 발매된 《리버 오브 드림스River of dreams》라는 앨범에 수록된 곡으로, 빌리 조엘이 자신의 딸 알렉사를 위해 만들었다. 이 곡에서 빌리 조엘은 현악기 반주에 맞춰 피아노를 치며 노래한다. 부드럽고 차분한 노랫말과 멜로디가 정말이지 가슴에 와닿는다.

그런데 신기하게도 고요한 저녁에 이 노래를 들으면 갑자기 피아노 뚜껑을 열어 쳐보고 싶은 마음이 든다. 악기를 연주할 수 있는 사람은 아마 어떤 마음인지 알 것이다. 좋은 노래를 들으면 머리에 '모터'가 돌아가면서 직접 연주하고 싶은 욕구가 불타오른다. 어떤 종류든 악기를 연주할 수 있는 사람은 노래를 들을 때 분석에 돌입한다. 그 순간 재미있긴 하다. 문제는 그것 때문에 오히려 기분이 고조되어 잠들 수 없다는 것이다.

이런 '전문가'들에게 권장하고 싶은 방법이 하나 있다. 신경학자들은 이럴 때 스코어score 악보를 떠올리라고 말한다. 머릿속으로 각각의 악기들이 연주해야 할 악보를 한꺼번에 그려보면서, 어느 악기가 다음에 어느 음을 연주할지를 상상하라는 것이다. 내 생각엔 꽤 괜찮은 방법인 것 같다. 하지만 이것으로도 잠 못 드는 '진짜 전문가'가 있다면? 그런 사람들에게 추천하는 나만의 비법이 있다. 음표 하나하나가 양이라 생각하고 '양 한 마리, 양 두 마리, 양 세 마리…'라며 양을 세어보시길!

나만의 자장가 플레이리스트 만들기

현대인의 딜레마가 있다. 많은 이들이 잠들기 전에 스마트폰을 만지작거리면서 각종 게시물을 읽고, 영상을 보고, 친구들과 메시지를 주고받는다. 결과는 뻔하다. 액정에서 나오는 불빛이나 눈을 번쩍 뜨게 되는 재미있는 콘텐츠 때문에 잠을 쉽게 이루지 못한다. 분명 원래 목표는 스마트폰이나 잠깐 하다가 '스르르' 잠드는 것이었는데?

스트리밍 서비스 이용자들 사이에서 요즘 가장 핫한 콘텐츠도 '자장가 플레이리스트'들이다. 아주 짧은 기간 동안 진행된 어느 조사에서만 이미 2만 건의 자장가 플레이리스트가 발견됐다.

나만을 위한 자장가 플레이리스트는 어떻게 조합해야 좋을까? 잘은 모르지만, 적어도 이미 올라와 있는 리스트를 되는 대로 클릭하여 재생하는 게 최선은 아닌 것 같다. 잠이 든다 싶을 때쯤 깜짝 놀라 정신이 번쩍 나는 사태가 벌어질 수도 있기 때문이다. 그런 사태를 피하고 싶은 독자들을 위해 나만의 팁을 정리해 봤다.

음악 루틴 : 침대에 누워 스르르 잠들고 싶을 때

플레이리스트는 직접 만들어야 한다. 나에게 꼭 맞는 자장가들의 목록을 만들어보자. 조사 결과에 따르면 자장가 플레이리스트에는 C장조

곡이 D장조 곡보다 훨씬 더 많다고 한다. 실제로 D장조 음계가 C장조보다 조금 더 자극적이라는 주장도 있다.

피아노로 연주해 보면 알겠지만, C장조를 칠 때와 D장조를 칠 때의 차이는 크다. D장조는 '파' 음을 반음 올려서 연주해야 한다. 때문에 C장조로 '도레미파솔라시도'를 연주할 때와 달리, 검은 건반을 누를 때마다 '앗, 뭐지?'라며 깜짝 놀라게 된다. 감미로운 발라드 곡 중 D장조보다는 C장조가 더 많은 것도 그런 까닭이다. 참고로 에드 시런의 레퍼토리에는 발라드가 많이 포함되어 있다. 그렇다고 그의 모든 곡이 자장가라는 뜻은 아니다. 하지만 그의 곡을 들으면 마음이 편안해진다는 사람이 많은 것은 사실이다.

덧붙여 사람의 목소리가 포함된 노래보다는 기악곡이 잠들기에 더 좋다는 증거가 꽤 있다(에드 시런은 물론 이 주장에 강력히 반대하겠지만…). 독일 태생의 영국 작곡가 겸 음악 감독 막스 리히터Max Richter는 클래식 음악에서 주로 사용하는 악기들로 연주한 곡을 모아 《슬립Sleep》이라는 앨범을 내기도 했다. 이것으로도 잠 못 들고 '양 한 마리, 양 두 마리…'를 세고 있는 이들에게는 앞서 언급한 빌리 조엘의 《리버 오브 드림스》를 추천한다.

음악으로 하루를 시작해야 하는 이유

모닝 알람에 주로 쓰는 소리들(차마 '음악'이라 말할 수 없기에 '소리'라 쓴다)은 사악하기가 짝이 없다! 찌르릉, 따르릉, 온 사방에서 꽥꽥대며 귀를 찢어놓는다. 사람의 기분을 아예 망쳐버리기로 작정하지 않은 이상 그런 소리가 나올 리 없다. 가사가 있든 없든 그 멜로디는 "어이, 잘 잤어? 이제 일어나야지? 누워 있으니 따스하고 포근했지? 좋은 시간은 다 지났거든? 얼른 발딱 일어나지 못해!"라고 소리치는 것처럼 들린다. 그럴 때 우리는 손바닥으로 잽싸게 알람 버튼을 쾅 누른다. 그러면 다시 곤히 잠들 수 있느냐고? 천만의 말씀!

멜버른의 연구진이 50명에게 물었다. "우리가 흔히 아는 알람 노래들이 아침을 시작하기에 적절하다고 생각하십니까?" 설문 결과, "아니요, 아니요, 아니올시다!"가 압도적으로 많았다. 호주의 왕립 멜버른공과대학교의 에이드리언 다이어Adrian Dyer 교수팀은 "비치 보이즈Beach Boys의 〈굿 바이브레이션스Good vibrations〉나 더 큐어The Cure의 〈클로즈 투 미Close to me〉는 효과적인 기상에 도움이 되지만, '삐-삐-삐-' 소리는 마음을 헝클어뜨리기만 한다"라고 이야기했다. 찜찜한 기분으로 아침을 시작하면 하루 종일 되는 일이 없다. 업무적으로도, 인간관계 면에서도 모든 게 이상하게 꼬인다. 내 말이 아니라 전문가들의 말이다.

케임브리지대학교의 심리학자 데이비드 M. 그린버그David M. Greenberg 교수는 2박자나 4박자 계열에 100~130bpm 정도의 노래가 잠에서 깰 때 듣기에 딱 좋다고 말한다. 우리가 알고 있는 팝송 중 절반 이상이 여기에 해당한다. 그린버그는 스트리밍 업체에게 의뢰받아 20곡으로 된 '모닝 알람 송' 플레이리스트를 만들었다. 여기에는 빌 위더스Bill Withers의 〈러블리 데이Lovely day〉나 콜드플레이Coldplay의 〈비바 라 비다Viva la vida〉 같은 노래가 포함되었다. 전자는 가사가 아침을 열기에 좋고, 후자는 '두둥두둥, 둥실둥실, 들썩들썩, 둠칫둠칫' 하는 느낌이 드는 노래다. 둘 다 나쁘지 않다!

하지만 어떤 노래를 들을지는 각자가 결정하는 것이다. 노래를 듣고 잠에서 깨야 한다면 더더욱 그렇다!

일어났으면 일단 춤추시오

이왕 음악으로 아침을 상쾌하게 맞이하기로 결심했다면 한 걸음만 더 나아가보자. 춤도 춰보자! 어떤 동작이든 상관없다. 일단 몸을 움직이기만 하면 된다. 행여 누군가 옆에서 지켜보다가 줌바 댄스인지 에어로빅 동작인지, 혹시 레고 블록을 밟기라도 한 것인지(!) 물어본들 뭐 어때, 내키는 대로 몸을 흔들기만 하면 그걸로 충분하다!

아침이 정말이지 죽도록 싫은 사람들이 있다. 아침마다 몸을 일으키는 게 고역이고, 어영부영 일어나기는 했지만 입을 떼기조차도 싫은 사람들이 있다. 우리 조상들도 그랬다. 그래서 우리 할머니의 할머니, 할아버지의 할아버지들은 일단 춤부터 췄다. 춤추기 전에는 입술을 꼼짝달싹도 하지 않았다.

그래서 내 결론은? 조상들이 옳았다! 긴 시간이 필요하지도 않다. 2, 3분이면 족하다. 아침에 일어나면 양치를 하듯, 모닝 댄스도 루틴이 될 수 있다. 춤은 몸과 마음에 생기를 불어넣고 우리 몸 안에서 일어나는 각종 생화학 작용을 촉진한다. 꾸준히 춤추면 건강이 증진되고 수명이 연장된다는 뜻이다!

욕실에서 콘서트를 열어야 하는 이유

그러나 샤워 부스 안에서 춤추는 것은 금물이다. 부상의 위험이 너무 크다. 대신 노래를 부르자. 샤워 부스 안에서의 열창이 건강에 도움이 된다는 연구 결과가 많다. 효과도 다양하다.

1. 긴장 완화 효과

여유를 즐기며 노래를 부르는 행위는 건강에 도움이 된다. 단 '생목'으로 꽥꽥 부르는 것은 좋지 않다. 횡격막을 이용해 천천히 복식 호흡을 하는 것이 좋다. 흉곽에 바람을 넣으며 가슴으로만 호흡해서는 안 된다. 어떤 이들은 연습하지 않아도 원래부터 복식 호흡을 하고 어떤 이들은 보컬 트레이닝이나 성악 레슨을 받아야 비로소 복식 호흡을 하며 노래를 부를 수 있다. 샤워 부스는 공짜로 이용할 수 있는 음악 학원이다. 적당한 온도로 쏟아지는 물줄기와 나만의 공간이 주는 느긋함은 아무런 부담 없이 노래를 부를 수 있게 해준다.

홀딱 벗고 샤워를 할 때 우리는 그야말로 모든 것을 내려놓는다. 마음을 완전히 놓은 채 비누칠을 하고 샴푸 거품을 낸다. 이것이 인간의 성대가 가장 좋아하는 환경이라고 하면 지나친 억측일까?

크리에이티브 분야에 종사하는 이들은 샤워하다 멋진 아이디어가 떠올랐다고 증언하곤 한다. 영감은 집착할 때가 아니라 오히려 내려놓을 때 우리에게 다가온다. 마음을 비우고 조깅을 할 때, 산책을 즐길 때, 멍하니 창밖을 바라볼 때 머릿속에 전구가 반짝하며 불빛을 켠다. 노래를 부르면 체내의 생화학 작용이 촉진되고, 그러면 대개 자기 자신에 대해 더 잘 알게 된다. 여기에 더해 샤워 부스처럼 긴장을 완전히 풀 수 있는 공간에서 노래를 부르면 그 효과는 그야말로 백 곱절, 천 곱절로 높아진다.

2. 자기 인식 효과

샤워 부스는 오로지 나만의 공간이다. 신경을 거스르는 사람이 없다는 것만 해도 어디인가! 누군가 노크를 할 수는 있겠지만 물소리 때문에 못 들었다고 하면 그만이다. 물소리는 완벽한 알리바이다! 샤워 부스는 적당히 뜨거운 온도의 물과 쏴 하는 소리에 취할 수 있는 공간이다. 그 안에는 물과 나밖에 없다. 샤워 부스만큼 내가 나를 가까이 느끼는 곳도 없다. 이런 공간에서 노래까지 부르면 평소에 알지 못했던 내 진면목 중 하나, 즉 목소리까지 농밀하게 느낄 수 있다. 자기 자신을 그렇게 더 알아서 뭐 하냐고? 자기 자신을 더 잘 알수록 자아 분열의 위험이 낮아지고 자신감은 높아진다!

3. 청각적 장점

욕실은 울림이 끝내주는 공간이다. 벽을 뒤덮고 있는 타일 조각 때문에 대부분의 욕실이 사운드 스튜디오라 해도 과언이 아니다. 가수들이 원하는 환경이 바로 이런 것이다. 가수들은 녹음하거나 보정할 때 에코 효과를 더하거나 빼서 완벽한 울림을 만들고자 한다.

비전문가가 듣기에도 욕실에서 나는 소리는 더 풍성하고, 더 부드럽고, 그래서 듣기에 더 편하다. 노래를 불러보라고 하면 대부분이 소심하다 못해 기어들어 가는 목소리로 뭔가를 웅얼거린다. 욕실에서는 그럴 필요가 없다. 나 혼자만의 공간인 만큼 목청껏 신나게 열창해도 된다. 그렇게 시원하게 노래를 한차례

부르고 나면 마음속 응어리도 말끔하게 씻겨 내려간다. 뿐만 아니라 자기 목소리를 크게 한 번 듣는 것 자체가 자신을 조금 더 사랑하는 계기가 되기도 한다.

녹음한 자기 목소리를 싫어하는 이유

"진짜? 이게 내 목소리라고?" 녹음한 자신의 목소리를 듣고 깜짝 놀라는 이들이 한둘이 아니다. 어떤 종류의 녹음 장치 앞에서든 다시는 입을 떼지 않겠다고 결심할 만큼 커다란 충격에 휩싸이기까지 한다.

사실을 몰랐던 이들에게는 비보悲報일지 모르겠지만, 녹음한 목소리가 남들이 듣는 내 목소리가 맞다. 내가 말할 때 내 귀에 들리는 목소리가 아니라 녹음한 목소리가 바로 나를 제외한 다른 사람들 모두가 듣는 내 목소리다.

그렇다면 왜 내 귀에만 내 목소리가 다르게 들릴까? 범인은 바로 우리의 두부頭部다. 살아 있는 한 언제나 목 위에 이고 다녀야 하는 머리는 마치 보스Bose 스피커처럼 작동한다. 내가 내는 목소리의 주파수를 증폭시키거나 목소리에 실제와 약간 다른 울림을 싣는 것이다. 구강, 비강, 후두부 등 각종 기관이 사운드에 영향을 미친다. 음파가 외부에서 귓속으로 들어오기도 하지만, 우리 머릿속에서도 공명이 이루어진다. 즉 외부와 내부의 공명이 뒤섞이면서 귀에 들리는 소리를 진짜 자신의 목소리라 착각하게 되는 것이다.

녹음된 자신의 목소리를 어색하게 느끼는 현상을 가리키는 심리학 전문 용어도 있다. 심리학계에서는 이러한 음성 직면voice confrontation 현상에 대해 무려 50년 전부터 수많은 연구와 설문조사를 진행해 왔다. 1967년에 실시한 어느 조사에서는 자신의 목소리를 단박에 인지하지 못한 이가 무려 전체 응답자의 62퍼센트에 달했다. 나머지 38퍼센트도 "어라? 많이 들어본 목소리 같긴 한데…" 정도의 반응밖에 보이지 않았다.

하지만 요즘에는 자기 목소리를 인지할 확률이 높아졌다. 20세기에는 주로 보이스 레코더나 카세트테이프, 자동 응답기 등을 통해 자신의 목소리에 '귀를 떴다'면, 지금은 음성 메시지 기능 덕분에 자신의 목소리를 들을 기회가 많아졌다. 그러면서 자신의 목소리를 들을 때 으레 느끼는, 이루 말할 수 없는 민망함의 강도도 확연히 낮아졌다.

자기가 보낸 음성 메시지를 반복해서 듣는 이들도 많다. 뭐랄까, 거울 앞을 스쳐 지나갈 때 헤어스타일이나 옷매무새를 확인하지 않고는 못 견디는 이들이 생각보다 많은 것이다. 그러지 말아야 할 이유는 없다. 자기 자신에 대해 좀 더 알고 싶은 욕망을 나무랄 이유가 전혀 없기 때문이다. 자신의 외모와 더불어 내면, 그중에서도 내면의 '소리'에 대해 더 알고 싶다는 그 호기심에 박수를 보낼 뿐이다.

희소식이 한 가지 있다. 목소리도 훈련하면 개선할 수 있다는 것이다. 노력 대비 성과도 꽤 좋은 편이다.

첫인상을 결정하는 목소리의 비밀

듣기에 편하고 진정성이 느껴지는 목소리가 있다. 그런 목소리를 들으면 왠지 듬직함이 느껴진다. 반대의 경우에는 나도 모르게 방어적인 태도를 취하게 된다. 실제로 우리 몸이 오그라들거나 쪼그라들기도 한다. 일부러 그러는 게 아니라 반사적으로 그렇게 된다. 뭘 그리 소스라치게 놀라느냐고, 무엇 때문에 그렇게 까탈스럽고 예민하게 구느냐고, 왜 사람을 민망하게 만드느냐고 비난받을 수도 있지만 어쩔 수 없다.

그렇다면 편안한 목소리와 불편한 목소리는 무엇이 다를까? 이와 관련해 언어 치료사와 보컬 트레이너는 목소리 톤이 문제라고 지적한다.

우선 목을 너무 '누르면', 다시 말해 성대를 과하게 압박하면 듣기에 불편한 목소리가 된다. 심하게 허스키한 목소리, 쇳소리에 가까울 정도로 갈라진 목소리를 들으면 혹시 어디가 아픈 게 아닐까 걱정되면서도 그와 동시에 진화론적 본능에 따라 거부감도 들기 마련이다.

그런가 하면 감정이 격해진 상태에서는 호흡이 가빠지고, 그와 더불어 목소리 톤도 높아진다. 따라서 발표나 면접, 화상 회의 등 중요한 스피치를 앞두고 긴장되면 목소리 훈련을 약간 하면 좋다. 조금만 신경 쓰면 훨씬 듣기 편안한 목소리를 낼 수 있다. 또랑또랑한 목소리는 신뢰감을 높이는 데 보탬이 되면 보탬이 됐지, 해가 되진 않는다.

♪ 횡격막 위치에 손을 얹고 심호흡을 한다. 가슴이 아닌 배로 호흡하려고 노력해 본다.
♪ 턱을 마사지하면서 허밍을 하면 성대 전체의 긴장이 풀린다.
♪ 코르크 마개 하나를 입에 문 채 몇 문장(예컨대 발표 내용에 포함된 문장 등)을 말해 본다. 그런 다음 코르크를 제거한 뒤 같은 문장을 반복해서 말한다. 이 연습을 몇 차례 반복하면 성대가 개방되어 좀 더 듣기 좋은 목소리를 낼 수 있다.

생물학계와 심리학계에서는 이른바 배리 화이트 효과barry white effect에 대해서 말하곤 한다. 이는 목소리가 묵직한 저음인 남성이 그렇지 않은 남성에 비해 자녀의 수가 더 많았다는 조사 결과와 관련이 있다. 남성의 중저음 목소리에 매력을 느끼는 이들이 많은 것은 사실인 듯하다. 협상이나 흥정을 할 때도 바리톤이나 베이스의 음역을 가진 남성이 더 유리하다고 한다. 이 법칙은 여성에게도 적용된다. 어느 학술 실험 결과, 목소리 톤이 낮은 여성 피실험자들이 높은 키key의 목소리를 지닌 여성보다 목표 달성률이 높았다.

목소리 톤을 낮춰보겠다고 술이나 담배에 손을 대는 시도는 생각조차 하지 않길 바란다. 약물이 성대에 염증을 일으켜 처음에는 목소리 톤이 낮아진 듯한 효과를 느낄 수도 있다. 일시적으로는 성취감을 느낄 수 있을지 모르겠지만 결국엔 감기에 걸린 것 같은 목소리밖에 남지 않고, 게다가 장기적으로 후두암을 일으킬 수도 있기 때문에 매우 위험한 발상이다.

특별한 질병을 앓고 있지 않은 이상, 긴장을 풀고 느릿느릿 말하는 연습을 하는 것만으로도 목소리를 충분히 개선할 수 있다.

수능금지곡이 좋은 이유

귓전을 맴돌며 머릿속에서 떠나지 않는 멜로디를 독일어로 '귀벌레Ohrwurm'라 부른다. 영어 표현도 비슷하다고 알고 있다(earworm). 벌레가 귀 주변에서 윙윙 소리를 내며 맴돈다고 해서 그런 이름이 붙은 듯하다. 벌레라는 단어 때문에 부정적 느낌이 들 수 있지만 귀벌레는 해충보다는 익충에 가깝다. 하루 종일 어떤 노래가 머릿속을 떠나지 않는다고, 아무리 애를 써도 자꾸만 특정 노래의 특정 파트를 흥얼거리게 된다고 불평할 필요는 없다. 그만큼 심리적으로 안정되어 있으며, 우리의 뇌가 스탠바이 모드stand-by mode를 취하고 있다는 신호이기 때문이다. 학술적 용어로는 인지 활동 감소 상태쯤 되겠다. 이 말을 듣고 혹시 '앗, 내 주변에도 그런 이들이 많던데? 그럼 그 사람들은 인지 활동이 적은, 머리가 좀 나쁜 사람인가?'라고 생각하는 독자가 있을지도 모르지만, 지금까지 귀벌레와 지능 사이에는 어떠한 연관 관계도 밝혀지지 않았다.

우리 뇌는 휴식이 필요하다. 하지만 요즘은 그럴 틈이 없다. 광고와 뉴스, 스마트폰 애플리케이션, 트윗, 포스팅, 사진, 영상 등 수많은 정보가 우리 곁에 우글거린다. SNS는 원래부터 중독되게 만들어져 있다. 우리 뇌의 특정 영역을 끊임없이 건드리며 중독을 유도한다는 점에서 마약과 크게 다를 바가 없다. 시카고대학교 연구팀은 현대인들에게 니코틴이나 알코올보다 소셜 미디어가 더 중독성이 높다고 판단했다.

"말보로나 짐빔보다 SNS가 더 해롭다고? 그게 말이 돼?"라며 펄쩍 뛰는 이들이 많겠지만, 온라인과 네트워크, 소셜 미디어가 우리 뇌를 장기적으로 잠식한다는 사실을 잊어서는 안 된다. 지나친 온라인 활동은 집중력을 떨어뜨리고, 판단력을 흐리게 만들며 감정을 처리하는 능력을 저하시킨다.

현대인들은 심심할 틈이 없다. 늘 무슨 일이 벌어지고 있다. 손가락 한 번만 까딱하면 넷플릭스에 접속해 다음 에피소드를 볼 수 있다. 그 때문에 귀벌레가 멸종 위기에 놓이고 말았다. 기억을 되살려 보라. 예전에는 머릿속에 어떤 멜로디가 한번 떠오르면 왜 벗어나기 힘든지 궁금했던 적이 적어도 지금보다는 훨씬 더 많았을 것이다.

멸종 위기에 놓인 귀벌레를 보호종으로 지정하고 보존해야 할 이유는 충분하다. 그중 몇 가지만 소개해 보자면 다음과 같다.

1. 창의력과 영감

아름다운 선율은 영감을 자극한다. 작사가나 작곡가 등 크리에이티브 분야에 종사하는 이들 중에는 의도적으로 머릿속에 선율을 떠올리고 끊임없이 흥얼거리는 이들이 많다. 그 멜로디가 잠재의식을 자극하여, 거기에서 영감을 길어 올릴 때가 많기 때문이다. 무의식적으로 표절하는 것과는 차원이 다르다. 머릿속에 윙윙거리는 멜로디에서 샘솟는 창의력으로 자기만의 작품을 만들어낸다는 뜻이다. 이름난 작곡가라고 해서 흔한 멜로디를 즐겨 듣지 말라는 법은 없다. 별 다섯 개짜리 레스토랑의 셰프도 가끔은 외식을 즐긴다.

2. 음악적 만트라

편안한 멜로디로 긍정적인 가사를 전하는 노래를 음악적 만트라mantra, 즉 일종의 주문呪文으로 활용할 수 있다. 가령 지미 클리프Jimmy Cliff의 〈유 캔 겟 잇 이프 유 리얼리 원트You can get it if you really want〉 같은 노래가 동기부여의 계기가 되거나 위로를 줄 수 있다. 실연이 주는 고통의 수렁에서 벗어나지 못할 때 자신의 처지와 비슷한 경험을 노래하는 가사에 귀에 콕 박히는 후렴구까지 겸비한 발라드를 듣는 것도 해롭지 않다. 스웨덴의 남성 2인조 밴드 에스코바Eskobar가 헤더 노바Heather Nova와 함께 부른 노래 〈섬원 뉴Someone new〉 중 "당신은 새로운 사람을 찾게 될 거야. 정말 그렇게 되길 원해"를 주야장천 따라 불러서 나쁠 이유가 없다. 때로 어떤 가사나 멜로디는 상처 난 가슴에 바르는 연고일 수 있다.

3. 소리 없는 라이브 스트리밍

머릿속으로 흥얼거리는 노래는 색다른 방식으로 위안을 준다. 멜로디를 중얼거리다 보면 드디어 온라인에서 벗어났다는 자부심을 느낄 수 있다. 별것 아니게 들리겠지만, 요즘 세상에서는 쉽지 않은 일이다. 미디어에서 나오는 소리만 듣다가 거기에서 해방된다는 것만 해도 이미 대단한 일이다. 나만의 라이브 방송, 내 마음속 스트리밍 프로그램을 실컷 즐겨보자, 그것도 무료로!

4. 추억과 이야깃거리

과거의 어떠한 경험, 이를테면 마음을 무겁게 했거나 감정이

격해졌던 기억 때문에 특정 노래가 자꾸 떠오를 때가 많다. 하지만 지나고 나면 대개 아름다운 추억이고, 지금은 오히려 그 노래를 들으며 슬며시 웃음 지을 수도 있게 되었다.

시간이 지나면 모임이나 학교, 직장에서 좋은 친구나 동료와 노래와 추억을 연관 지어 이야기할 수도 있다. 내친김에 노래를 몇 소절 불러도 좋다. 그러면서 소중한 사람들과의 관계는 더욱 돈독해진다.

왜 어떤 노래는 중독성이 있을까

귀에 꽂히는 후렴구를 포함한 노래(객관적 대상물)와 그 노래에 대한 개인적 감정(주관적 느낌)이 결합해야 머릿속을 맴도는 멜로디가 탄생한다. 팝에서는 보통 그런 노래를 후크 송hook song이라 부른다. 후크 송은 말 그대로 갈고리처럼 가슴을 콕콕 찌르며 귀에 걸리는 노래를 가리키는 말이다. 공전의 히트를 기록하는 후크 송들은 대개 음정 변화의 폭이 좁다. 장3도에서 최대 6도 정도의 음폭을 오간다. 멜로디 라인도 반복적이다.

하지만 이러한 규칙을 엄격히 따른다고 해서 반드시 히트송이 된다는 보장은 없다. '히트송 제조기'들의 운명은 연금술사와 비슷하다. 과거부터 황금을 인위적으로 만들고자 하는 의지는 무한대에 가까웠고, 그만큼 많은 이들이 노력을 기울였지만 단 몇 퍼센트가 부족해 지금도 사람이 의도적으로 금을 만들어내지는 못한다. 작곡가들도 비슷한 입장이다. 후크 송의 비결을 섭렵해도 '뚜껑을 열어보기 전까지는' 결과를 알 수 없다. 왜냐, 여기에는 사람이라는 변수가 포함되기 때문이다. 청중과 관객, 팬들이 어느 쪽으로 튈지 아무도 알 수 없다. 사람마다, 그날의 기분에 따라, 각자의 경험과 취향에 따라 모두가 다른 방식으로 노래를 받아들인다. 여러 가지 조건과 변수가 들어맞아야 비로소 하나의 히트송이 탄생한다.

길티 플레저guilty pleasure, 즉 '이러면 안 될 것 같지만 끊을 수 없는 즐거움'이 히트송을 탄생시키기도 한다. 고상하지 않다는 것을 알면서도 자꾸 듣게 되는 노래들이 존재하는 것이다. 이를테면 백스트리트 보이즈Backstreet Boys의 노래가 전부 그랬고, 아쿠아Aqua의 〈바비 걸Barbie girl〉이 그랬다. 〈바비 걸〉은 모르는 사람이 없을 정도의 대히트송이었다. 어느 파티에서 아무 생각 없이 따라 부른 지 20년도 넘었는데, 지금도 갑자기 이 노래가 머릿속을 스친다는 이들도 있다. 이런 게 바로 귀벌레다. 귀벌레는 별생각이 없을 때 머릿속에 불현듯 떠오른다.

우리 뇌는 잠시도 멈추는 법 없이 늘 무언가를 생각하거나 계산하거나 처리한다. 뇌라는 공장은 거의 쉬지 않고 끊임없이 돌아간다. 그러다가 가끔 공회전한다. 자전거를 탈 때나 청소할 때, 혹은 강의실이나 사무실에서 멍해질 때가 있다. 하지만 우리의 뇌는 그 멍해지는 순간을 참지 못한다. 공회전을 상쇄하기 위해 무언가를 떠올린다. 텔레비전에서 한 프로그램이 끝나고 다음 프로그램에 상영되기 전에 빈 화면을 띄우는 대신 광고가 나오듯 빈 시간을 잠재의식에 숨어 있던 노래들이 채우는 것이다. 그럴 때 떠오르는 노래들은 대개 감성으로 충만하다.

어느 조사 결과에 따르면 사람들의 머릿속을 맴도는 음악들 중에는 가사 없이 멜로디만 있는 음악보다는 가사와 멜로디가 함께 있는 후크 송이 훨씬 많다고 한다. 악기만으로 연주한 음악의 소중함을 몰라서 하는 말이 아니다. 하지만 예컨대 제이슨 데룰로Jason Derulo의 〈트럼펫Trumpets〉이나 브리트니 스피어스의 〈톡식Toxic〉 같은 곡들을 보면 가사가 왜 필요한지 알 수 있다. 참고로 〈톡식〉은 작곡가 다섯 명이 달려들어 빚어낸 작품이라고 한다. 장담컨대 그 다섯 명 모두가 히트송 제조 분야의 연금술사들이었을 것이다.

방금 소개한 두 곡을 들어본 적이 없거나 잘 기억이 나지 않는다면 지금 들어보기 바란다. 앞으로 며칠 동안은 이 곡들이 머릿속을 절대 떠나지 않을 것이다!

귓가를 맴도는 멜로디에서 벗어나는 법

영국 레딩대학교 연구팀의 발표에 따르면 특별히 더 오래 기억하려 애쓰지 않는 한 귓전을 울리는 멜로디는 평균 22분 동안 지속하다 사라진다고 한다. 하지만 조사 결과 2, 3주가 넘도록 특정 선율이 머릿속에 맴도는 사례도 있었다. 그러다가 심지어 그 멜로디가 자신의 머릿속에서만 윙윙거리는 것인지, 외부에서 들려오는 소리인지를 분간할 수 없을 정도가 되기도 하는데 이는 꽤 심각한 병리학적 증상이다.

아직 그 정도까지는 아니다 싶은 경우라면 화학 치료를 동원하지 않고 자연 요법만으로 증상을 완화할 수 있다. 지금까지 알려진 '귀벌레 퇴치법'만 해도 꽤 다양하다. 뇌 과학, 음악학, 심리학 전문가들이 앞다투어 조언을 쏟아내고 있다. 하루 종일 연구실에만 틀어박혀서 이론만 파다가 자신의 전문 분야를 살려 실용적 문제에 조언을 건넬 수 있다는데 싫어할 전문가가 있을까? 관심 있는 극소수의 사람만이 이해할까 말까 한 전문적 내용만 다루다가 실생활과 밀접한 문제에 대해 의견을 물어본다면, 그들의 입장에서도 조금은 재미있을 것이다. 어쨌든 결론은 귀벌레에 대한 전문가들의 학술적 조언은 아주 쉽게 구할 수 있다는 것이다. 세간에 떠도는 이러한 조언 중 몇 가지만 소개하겠다.

1. 귀벌레에 귀벌레로 맞서기

가장 간단하고 '무식한' 귀벌레 퇴치법이라 할 수 있겠다. 만약 퀸Queen의 〈위 윌 록 유We will rock you〉를 나도 모르게 자꾸만 흥얼거리게 된다면, 그래서 거기에서 벗어나고 싶다면 릭 애스틀리Rick Astley의 〈네버 고너 기브 유 업Never gonna give you up〉으로 앞의 곡을 갈아치워 보면 어떨까? 그러면 퀸은 사라졌지만 릭 애스틀리가 우리를 괴롭힐 것이다. 그럴 땐 잽싸게 헬레네 피셔Helene Fischer의 〈아템로스Atemlos〉를 들어보자. 일정 시간이 지나면 또다시 머리가 폭발할 것 같겠지만 말이다.

 이 방법은 참고로 빌레펠트Bielefeld의 어느 전문가가 제안한 것인데, 혹시 '빌레펠트 음모론Bielefeld Conspiracy'이라는 말을 들어본 적이 있는지 모르겠다. 빌레펠트 음모론은 쉽게 말해 '빌레펠트라는 도시를 내 눈으로 본 적이 없으니 그런 도시는 존재하지 않을 것이다. 빌레펠트가 존재한다는 주장은 음모론에 지나지 않는다'라는 내용으로, 수없이 떠도는 음모론을 조롱할 목적으로 누군가가 일부러 만든 음모론이다. 즉 내가 모르는 건 사실이 아니고, 현실도 아니며, 존재하지 않는다고 착각하는 이들을 풍자하는 이론인 것이다.

 어쨌든 빌레펠트가 존재하지 않는다고 믿는 이들이 아직도 많으니…. 오케이, 우리도 빌레펠트의 어느 학자가 권한 이 방법은 가볍게 무시하고 넘어가자!

2. 꼭 참고 끝까지 듣기

 아마도 노출 치료법exposure therapy에서 힌트를 얻은 퇴치법으로 보인다. 거미를 극도로 혐오하고 무서워하는 증상을 지닌 이들이 의외로 많다고 한다. 거미 공포증의 치료 과정은 대개 일단 원인을 파악한 뒤 환자의 손 위에 스멀스멀 기어다니는 거미를 얹어주고 두려움을 극복하게 만드는 것이다.

귀벌레도 '정면 돌파'로 극복할 수 있다. 어느 날 또다시 똑같은 멜로디가 떠오른다면 애써 외면하지 말고 노래 전체를 끝까지 들어보자. '해부'까지 하면 더더욱 좋다. 예컨대 '그래, 이제 막 인트로 부분이 끝났군. 좋아, 1절이 끝났어. 간주도 나오고 후렴구도 몇 번 나오겠지? 휴, 드디어 끝나가는군'이라는 식으로 노래를 머릿속 도마 위에 올려놓고 찬찬히 뜯어보는 것이다.

이 퇴치법의 기본 원리는 우리 머릿속 어딘가에 저장되어 있는 그 음악 재생 프로그램을 일부러 끄집어내 분석한 뒤 '처리 완료' 도장을 찍고 나서 휴지통으로 보내버리는 것인데, 효과에 대해서는 논란이 분분하다. 개인적으로는 큰돈을 쓰거나 오랜 시간이 소요되는 게 아니니 한번쯤 시도해 봐서 나쁠 건 없다고 생각한다. 다만 이 방법이 통하지 않을 경우 지금부터 소개하는 방법들도 참고하기 바란다.

3. 소리 내어 크게 따라 부르기

2번과 유사한 방법이다. 이번에도 뒤통수에 숨어 있던 귀벌레를 콱 틀어쥐고 밖으로 꺼낸다. 단 이번에는 완전히 바깥으로 꺼내야 한다. 멜로디가 떠오를 때마다 큰 소리로 따라 불러보라. 남들에게 내 괴로움을 적극 전달해 보라. 단, 이 방법에는 부작용이 하나 있다. 귀벌레는 전염성이 강하다. 내 귀벌레가 다른 사람의 머리로 들어간 뒤부터는 좋든 싫든 상대의 노래를 들어야 하는 입장이 될 수 있다.

4. 같은 뇌 영역에서 주관하는 다른 활동에 집중하기

이번 방법은 제목부터 신뢰가 간다! 우리 뇌에 공회전할 수 있는 틈을 아예 주지 않는 방법이다. 가장 좋은 것은 아무래도 음악과 비슷하지만 음악은 아닌 영역, 즉 미학적 활동에 집중하는 것이다. 사진이나 회화 작품집을 마지막으로 들여다본 게 언제더라? 잘 찾아보면 어느 집에나 책꽂이에 처박혀 있는 두꺼운 회화집이 몇 권쯤은 있을 것이다. 귀벌레 때문에 너무 괴롭다면, 그 책들을 소환할 때가 되었다는 뜻이다.

5. 다른 노래 듣기

귀벌레를 다른 노래로 덮으라고 충고하는 전문가들이 적지 않다. 지금 머릿속에 맴도는 그 노래를 다른 노래로 덮어버리라는 것이다. 이때 그 다른 멜로디는 좀 복잡하고 난해해야 한다. 그래야 그 노래가 새로운 귀벌레로 변하는 사태를 방지할 수 있다. 12음 기법으로 만든 아널드 쇤베르크Arnold Schönberg의 음악은 어떨까?

처음 접하는 이라면 신경이 날카로워져서 다른 생각이라곤 전혀 할 수 없을 것이다. 다시 말해 '밀어내기 전략'이 통할 것이라는 뜻이다. 물론 그 효과가 오래가지 않을 수는 있다. 뭐든 밀어낼수록 더 들러붙기 마련이고, 그런 것들은 정말이지 필요하지 않을 때만 쏙쏙 골라서 우리를 찾아오는 불청객이기 때문이다.

6. 껌 씹기, 입김 내뿜기

농담이 아니다. 껌을 씹거나 '푸우' 하고 입속 바람을 밖으로 내뿜는 행위로 하위 발성, 즉 마음속으로 자꾸만 무언가를 말하는 현상을 막을 수 있다. 음악을 듣거나 머릿속으로 멜로디를 떠올릴 때면 노래를 부를 때 필요한 근육들이 '액션'에 돌입한다. 가수들 중에 감기에 걸리면 일부러 한동안 음악을 듣지 않는다는 이들이 꽤 많은 이유도 그 때문이다. 그래야 발성에 필요한 근육들이 휴식을 취하고 감기도 빨리 낫는다.

머릿속에 귀벌레가 윙윙거릴 때 우리는 자신도 모르게 마음속으로 노래를 따라 부르고 멜로디를 흥얼거린다. 무언가를 씹거나 바람을 내뱉는 행위를 통해 이러한 하위 발성 현상을 중단시킬 수 있다고 한다.

7. 시나몬 롤 먹기

강렬한 계피 향이 귀벌레를 작동시키는 뇌 부위에 작용해 주의를 다른 곳으로 환기한다는 말이 있다. 꽤 많은 책과 웹사이트에 나와 있는 방법이기도 하다. 물론 의학적으로 입증된 바 없는, 순수한 민간요법이기는 하다.

 이 민간요법을 학술적 경지로 승화시키는 데 도움이 되고 싶다면 다음 실험에 적극 동참해 주기를 바란다. 첫째, 귀벌레가 윙윙거릴 때마다 시나몬 롤이나 계피빵을 최대한 많이 먹는다. 둘째, 그때그때 효과를 수치로 기록한 뒤 제출한다. 주의 사항, 일시적 체중 증가 현상이 일어날 수 있음! 그럼에도 학문적 발전에 기여하고 싶다면 기꺼이 동참해 주길!

8. 포기하고 즐기기

 레딩대학교 연구팀은 귀벌레의 평균 지속 시간이 22분이라 발표했지만, 밀어내려 하면 할수록 귀벌레가 머무는 시간이 더 길어질 수 있다고도 경고했다. 필사적으로 저항할 경우, 무려 40분 동안 귀벌레 소리를 듣게 될 수도 있다. 강박적 저항이 거꾸로 거기에 더 빠져들게 만드는 것이다. 때로는 맞서 싸우는 대신 모든 것을 내려놓고 받아들이는 것도 좋은 방법이다. 투항하고 즐기다 보면 언젠가는 제풀에 지쳐 사라져주지 않을까?

관계 :
첫 만남에서 배경 음악이 중요한 이유

**음악이
실연의 아픔을 치유할 수 있다.**
- 시노페의 디오게네스 Diogenes of Sinope(기원전 약 413~323)

사랑 분야에 있어 음악은 그야말로 풀 서비스 제공자라 할 수 있다. 연애의 모든 결정적 단계에서 음악이 빠지지 않는다. 대화를 처음 나누는 순간, 서로를 알아가는 과정, 첫 데이트, 다툼과 갈등에 이르기까지 음악이 항상 곁에 있다. 음악이 없는 결혼식이라고? 상상도 할 수 없다! 상대에게 호기심을 느끼기 시작해 호감으로 발전하기까지, 또 사랑과 연애 과정 전반에 음악이 얼마나 크게 기여하는지는 프랑스 연구팀의 조사 결과로도 입증되었다. 해당 연구팀은 이별과 실연의 고통을 겪는 이들에게 타이밍에 꼭 맞는 노래들이 '처방전'이 될 수 있다고 말했다.

상대를 만나기 전에 플레이리스트부터 확인할 것

고급 향수, 운동으로 다진 근육, 트렌디한 패션, 세련된 헤어 스타일. 우리는 상대에게 잘 보이기 위해 각종 수단을 동원한다. 하지만 데이트 성공의 열쇠는 음악이 쥐고 있다. 적어도 남자들에게는 이 법칙이 적용된다.

오스트리아 빈대학교와 인스브루크대학교 연구팀은 여성들이 음악을 들은 직후에 만난 남성에게 더 큰 호감을 보인다는 연구 결과를 내놓았다. 단 반대의 경우에는 음악이 크게 효과적이지 않았다. 음악을 들은 남성이 그 직후 만난 여성에게 더 큰 호감을 보이지는 않은 것이다. 남자의 심리에는 음악에 대한 면역력이라도 있는 것일까?

해당 연구를 진행한 학자들은 실험에 참가한 여성들이 방금 들은 감미로운 노래를 그 직후에 만난 남성과 어떤 식으로든 연결시키고, 그러면서 자기도 모르게 그가 우월한 유전자를 지니고 있을 것이라 상상한다고 추정했다. 이 연구팀이 내린 결론은 다윈의 이론과 유사하다. 찰스 다윈도 음악의 기원에 관한 글에서 진화론적으로 유리하기 때문에 음악이 발달했으며, 더 어렵고 복잡한 음악일수록 연주자의 매력이 더 커진다고 주장했다.

내 생각에 지나치게 복잡한 음악은 오히려 감점 요인이다. 매우 작위적이고 불협화음으로 가득한 12음 음악을 듣는다고 해서 상대에게 반하지는 않을 것이다. 너무 수준 낮고 단조로운 음악도 확 깨는 요인으로 작용한다. 예를 들어 어떤 여성이 소개팅 자리에 가서 남자를 기다리고 있다고 해보자. 긴장되는 순간이다. 어떤 남자가 나타날지 궁금하고 마음이 들떠서 배경에 흐르는 노래를 즐길 여유도 없다. 사실 커피숍에서 틀어놓은 노래는 옛날 동요다. 그때 남자가 도착한다.

이 경우, 여성은 자기도 모르게 그 남성에게 반감을 느낄 수 있다. 진짜로 비호감덩어리인 남성일 수도 있지만, 배경 음악 때문에 괜히 그 남성에게 낮은 점수를 준 것일 수도 있다. 이런 사태를 방지하고 싶다면 약속 장소를 선정할 때 어떤 음악을 틀어주는지를 세심하게 고려할 필요가 있다.

음악이 상대의 호감, 비호감 여부를 결정하는 계기가 되는 것은 확실하다. 예전에는 데이트할 때 으레 서로의 독서 취향을 확인하곤 했다(개인적으로 지금도 비슷한 독서 취향을 가진 이들의 만남이 아름답다고 생각한다). 어쩌다 서로의 집에 가게 되면 발길이 저절로 책장 쪽으로 향했고, 상대방은 과연 어떤 책을 읽고 어떤 책을 소장하고 있는지 궁금해했다. 지금은 책보다는 '21세기식 앨범 컬렉션', 즉 플레이리스트에 관한 이야기를 더 많이 나눈다.

19세기 프랑스의 어느 미식가는 "당신이 무엇을 먹는지 말해주면 당신이 어떤 사람인지 말해주겠다"라는 말을 남겼다. 그 말을 요즘 시대에 대입하면 어떤 노래를 듣는지를 보면 그 사람이 어떤 사람인지 알 수 있다는 말이 되겠다. 예나 지금이나 음악 때문에 싸우다가 파탄에 이르는 경우가 적지 않다. 그도 그럴 법하다. 음악적 취향이 맞지 않으면 다른 분야에서도 주파수가 일치하지 않을 확률이 높기 때문이다.

음악 루틴 : 상대방의 호감을 얻고 싶을 때

연인을 자신의 집에 처음으로 초대했을 때만큼은 지나치게 달달하고 구구절절한 사랑 노래는 피하기 바란다. 아무 생각 없이 튼 노래에 부담을 느낀 상대가 갑자기 중요한 약속이 생겼다며 황급히 자리를 뜨는 상태가 발생할 수 있다. 지나치게 끈적끈적하고 육감적인 노래도 좋지 않다.

연인과 달콤한 시간을 보내고 싶다면 자신이 정말 좋아하는 노래를 함께 듣는 게 가장 좋다. 상대의 마음을 사기 위해, 분위기를 연출하기 위해 싫어하는 노래를 일부러 들을 필요는 없다. 음악 취향에 있어서 만큼은 고집을 꺾지 말자. 혹 상대가 내 플레이리스트를 마음에 들어 하지 않는다 하더라도 상관없다. 취향의 차이가 토론의 주제가 되고, 대화를 나누면서 관계가 더 깊어질 수도 있기 때문이다. 상대가 플레이리스트를 마음에 들어 한다면 그 또한 좋다. 아니, 그보다 더 좋을 수는 없다.

그래도 불안하다면 '중립적인' 플레이리스트로 가자. 편안하고 조용한 노래, 예컨대 유명한 노래를 어쿠스틱 버전으로 커버한 노래를 틀면 웬만해서는 탈 날 일이 없다. 피아노와 기타 소리가 많이 나는 곡, 가수가 지나치게 열창하거나 괴성을 지르지 않는 곡이면 안심해도 좋다. 익숙한 멜로디의 장점도 무시할 수 없다. 귀에 익은 친숙한 멜로디가 두 사람 사이의 긴장감을 녹여준다. 어떤 팝송이든 어쿠스틱 버전으로 들으면 감미롭다. 어떤 요리든 크림을 올리면 달콤해지는 것과 같은 이치다.

그런 의미에서 데이트에 끼얹을 수 있는 가장 달콤한 크림은 아마도 직접 연주를 들려주는 게 아닐까? 누군가가 자기만을 위해 피아노나 기타를 치는 모습에 반하지 않는 사람이 있을까? (타악기 종류는 권장하지 않는다.) 직접 만든 음식을 대접하는 것보다 직접 연주하는 음악을 들려주는 편이 더 매력적이지 않을까?

호감도를 높이기 위한 음악 활용법

음악과 사랑의 함수 관계를 파헤치기 위해 프랑스 학자들이 또 한 번 소매를 걷어붙였다(왜 이 분야 연구에 유독 프랑스 학자들이 자주 등장하는지는 도무지 알 수 없다). 연구의 주제는 전화번호를 알아낼 확률과 음악과의 상관관계를 알아보는 것이었다.

전화번호를 받아낼 확률과 음악의 상관관계

학자들은 실험에 참가한 여성들에게 일단 대기실에 앉아 잠시만 기다려달라고 부탁했다. 대기실에는 음악이 흘러나오고 있었다. 잠시 후 참가자들을 다른 방으로 불렀다. 참가자들은 한 명씩 순서대로 이동했고, 그곳에서 자기 또래의 모르는 남자와 두 가지 영양소에 대해 이야기를 나누었다. 관찰자가 옆에 있는 상태였다.

그러다가 관찰자가 밖으로 나가면 남성이 여성에게 정중하게 전화번호와 함께 다음에 다시 만날 의향이 있는지를 물었다. 그 결과, 대기실에서 로맨틱한 멜로디를 들은 실험군이 무덤덤한 멜로디만 들은 대조군보다 무려 52퍼센트나 높은 긍정적 응답률을 보였다. 이 실험의 결과는 《음악심리학Psychology of Music》이라는 전문 잡지에 실렸다. 기사의 제목은 '사랑의 기운: 로맨틱한 노래 가사가 데이트 요청 승낙에 미치는 효과'였다. 사랑의 기운은 실험 참가자들뿐만 아니라 연구실에도 넘쳐났던 게 아닐까?

악기 연주와 호감도 상승의 상관관계

위 실험을 실시한 학자들 중 아마도 아주 오랫동안 '솔로' 신세인 박사가 있었나 보다. 그 박사는 이내 다른 실험에 돌입했다. 이번 실험 역시 최종 목표는 전화번호를 알아내는 것이지만, 목표에 도달하기 위해 사용하는 방법이 달랐다. 정확히 말해 '악기가 환심을 사는 데 도움이 되는가?'가 실험의 주제였다.

연구자들은 젊은 청년 한 명을 프랑스 남부 어느 도시의 광장으로 파견했다. 청년은 "안녕하세요, 저는 앙투안이라고 합니다. 당신이 정말 마음에 드는데, 죄송하지만 제가 지금 너무 바빠서요. 혹시 전화번호를 주시면 제가 다음에 연락 드려도 될까요?"를 총 300명의 여성에게 앵무새처럼 되풀이했다.

물론 동시에 한 것은 아니다. 며칠에 걸쳐 한 명씩 차례대로 똑같은 질문을 던졌다. 총 300회 중 100번은 기타 케이스를 들고 있었고, 100번은 스포츠 백을 들고 있었다. 나머지 100번은 빈손이었다. 아무 장비 없이 물었을 때 전화번호를 알아낸 횟수는 14번에 그쳤고, 스포츠 백으로 무장했을 때는 21회였다. 기타 케이스를 들고 있었을 때가 33회로 가장 높은 성공률을 보였다!

학자들은 이 실험의 결과도 진화학적 관점에서 해석했다. 악기를 연주하는 남성이 그렇지 않은 남성보다 더 뛰어난 유전자를 지니고 있을 것이라는 가정이 여성들의 잠재의식 속에 깔려 있다는 것이다. 나는 여기에 다른 장점을 추가하고 싶다. 악기 연주자들은 대개 로맨틱하고, 창의적이고, 신비스럽고, 재미있을 것이라 생각한다.

이별의 아픔을 치유하는 노래

실연의 고통을 겪고 있을 때 가장 크게 위로가 되는 것은 내 마음을 알아주는 친구다. 그 역할을 가장 잘하는 것이 바로 음악이다. 음악은 우리와 사랑의 모든 과정을 함께 걷는 친구다.

양적으로 따져도 음악의 모든 주제 중 1위는 단연코 사랑이다. 사랑을 둘러싼 모든 것, 사랑의 기쁨과 아픔, 다툼과 갈등, 화해와 새 출발 등 모든 것이 음악의 주제가 된다. 누구나 사랑하는 사람과 헤어지고 이루 말할 수 없이 괴로울 때 그 비슷한 주제의 노래를 듣다가 '휴, 다행이다. 나 말고도 이런 아픔을 겪은 사람이 또 있군'이라고 느꼈을 때가 분명 있을 것이다.

실연을 극복하는 동안 추천할 만한 노래들을 주제별로 묶으면 다음과 같다.

1. 슬픔·좌절에 관한 노래
2. 부정·회피에 관한 노래
3. 인정·수용에 관한 노래
4. 새로운 용기·결심에 관한 노래

음악은 사랑앓이 중인 이들에게 노랫말로 공감을 표현하고, 멜로디를 통해서도 말로 표현할 수 없는 느낌을 전달한다. 그 때문인지 실연의 아픔을 겪는 동안 새로운 음악 장르에 눈을 떴다는 이들이 유독 많다. 어느 설문조사에서 70퍼센트 가까운 응답자가 연인과 헤어지고 방황하던 시기에 새로운 음악 장르와 새로운 노래를 많이 알게 되었다고 답했다. 충분히 수긍이 간다.

외롭고 힘드니 기댈 곳을 찾게 되고, 대체 왜 내가 이 고통을 겪어야 하는지 이유를 몰라 답답하기 때문이다. 나와 같은 아픔을 겪었다는 노랫말을 들으며 그 싱어송라이터가 대체 누구인지 찾아보고, 지금의 내 고통과 똑같은 결의 고통을 표현하는 멜로디를 들으며 그 선율에 대한 정보를 검색해 보는 것이다.

어떤 노래를 골라도 무방하다. 빠른 템포의 다이내믹한 음악은 기분을 서서히 북돋아 주고, 아주 느리고 조용한 음악은 마음에 잔잔한 파문을 던진다. 이별의 아픔을 극복할 때 가장 중요한 것은 수동적 태도에서 벗어나는 것이다. 모든 것을 체념한 채 그저 누워 있기만 해서는 문제가 해결되지 않는다. 그럴 때 노래를 듣자. 음악을 트는 행위는 수동에서 능동으로 가는 첫걸음이다.

실연의 고통을 겪고 있는 이에게 음악이 긍정적 효과를 발휘하기까지 평균 11분이 걸린다고 한다. 11분이 지나면 가라앉아 있던 기분이 조금씩 나아진다는 뜻이다. 그런데 데이팅 앱을 통해 짝을 찾는 싱글이 평균 11분에 한 명씩 나타난다는 통계는 순전히 우연이겠지?

그렇다면 결론적으로 실연으로 가슴이 찢어질 것 같을 때 우리가 해야 할 일은 무엇일까? 마음을 터놓을 수 있는 친구들과 많이 대화하기, 잊지 말아야 할 일들을 메모하기, 그럴수록 더 자기 자신에게 집중하고 스스로를 아끼기 그리고 닥치는 대로 음악 듣기! 다음에 일이 또 이상하게 꼬이면서 원치 않는 이별을

해야 할 때 기억해야 할 것은? '흠, 적어도 멋진 노래들을 많이 알 수 있겠군. 그거면 됐어!'

데이팅 앱 시대의 음악

음악은 늘 '바람잡이'였다. 틴더Tinder라는 데이팅 앱이 등장하기 훨씬 전부터 음악은 사람과 사람을 잇는 중매쟁이 역할을 톡톡히 해왔다. 콘서트장, 클럽, 파티 등 여러 장소에서 음악을 듣고 춤을 추는 가운데 수백만 쌍의 커플이 탄생했다.

참고로 데이팅 앱과 관련해서 우리 사회는 일종의 교착 상태에 빠져 있다. 점점 더 많은 이들이 데이팅 앱에 가입하고 있지만, 모두 마음속 깊은 곳에서는 로맨틱하지 않은 만남의 방식이라고 생각해 꺼리는 것이다. 그 때문인지 데이팅 앱 프로필에 "마트에서 우연히 알게 된 사이라고 말하기로 해요"라고 적어놓은 회원들도 더러 있다.

게다가 온라인에서 새로운 사람을 만날 수 있는 기회가 많아지면서 오프라인에서 직접 다가가 말을 거는 것을 더 꺼리게 되었다(실제로 무섭게 들이대는 사람도 있으니, 당연히 무서울 수밖에 없다). 인연을 찾게 된 장소나 방식을 물어보는 조사에서 지금도 가장 높은 순위를 차지하고 있는 것은 '직장/일자리'다(통계가 정확하지 않을 수도 있다. "우린 마트에서 만났어요"라 말하기 껄끄러워서 "일하다가 알게 되었어요"라 대답하는 이들이 꽤 많을 것으로 추정되기 때문이다). 2위는 '친구/지인의 소개'다.

어떤 방식으로 첫 만남이 이루어졌든 서로 조심스레 알아가고 싶다면, 다시 말해 상대방이 겁먹거나 부담을 느낄 정도로 달려들고 싶지 않다면 음악을 적절하게 활용해 보자. 방법은 간단하다. 자기만의 디지털 플레이리스트를 만들기만 하면 된다.

뮤지션 중에는 '직장'에서 짝을 찾은 이들, 그중에서도 팬과 사랑에 빠진 이들이 꽤 있다. 머라이어 캐리Mariah Carey는 닉 캐넌Nick Cannon을 만났다. 둘이 만났을 당시 캐넌도 스탠드업 코미디언이자 배우, 래퍼이기는 했지만 머라이어 캐리의 유명세에 견줄 바는 아니었다. 비틀즈Beatles의 드러머 링고 스타Ringo Starr는 콘서트에서 목이 터져라 소리를 지르던 여성 팬 모린 콕스Moreen Cox와 백년가약을 맺고 10년간 결혼 생활을 유지했다. 그린 데이Green Day의 리더 빌리 조 암스트롱Billie Joe Armstrong은 백스테이지에서 웨이트리스로 일하던 에이드리엔 네서Adrienne Nesser와 결혼해 두 아이를 낳고 지금도 알콩달콩 잘 살면서 이미 은혼식까지 치렀다고 한다.

내 짝은 어디에 있느냐고? 콘서트장에 가보라!

결혼식장 최고의 하객

결혼식에 음악이 없다면? 상상할 수도 없는 일이다! 변화한 시대에 맞추어 색다른 음악을 틀고 싶다면 파니 헨젤Fanny Hensel이 작곡한 클래식 음악에서 보물을 찾을 수 있을지도 모른다. 파니 헨젤은 결혼식 하면 빼놓을 수 없는 작곡가 펠릭스 멘델스존 바르톨디Felix Mendelssohn-Bartholdy의 큰누나다. 누구나 다 알고 있는 그 유명한 '결혼 행진곡'을 쓴 사람이 바로 멘델스존이다. 결혼 행진곡은 〈한여름 밤의 꿈, 작품 61번〉이라는 극음악에 포함된 연주곡이다. 이 음악을 들으며 얼마나 많은 커플들이 백년해로를 약속했는지 셀 수도 없다.

이 곡에 얽힌 재미있는 뒷이야기가 있다. 멘델스존은 큰누나의 결혼식에 맞춰 곡을 써주기로 약속해 놓고 지키지 않았다. 결혼식에 참석조차 하지 않았다. 가지 않은 이유도 황당했다. 겨우 무릎을 다친 것 때문에 불참한 것이었다. 이 소식을 들은 파니 헨젤은 결혼식 전날 밤 직접 오르간 앞에 앉아 장엄한 곡인 〈오르간을 위한 전주곡 F장조〉를 써 내려갔다.

그런데 멘델스존 가족은 가족 내에 여성 작곡가가 있다는 사실을 달갑지 않아 했다. 그들은 파니가 작곡을 한다는 사실을 어떻게든 감추려 했다. 그럼에도 파니는 평생에 걸쳐 500여 곡을 썼다. 칸타타, 피아노곡, 실내악곡, 오라토리오 등 레퍼토리도 다양했다.

결혼식에 어울릴 법한 클래식을 몇 곡 추천하자면 다음과 같다.

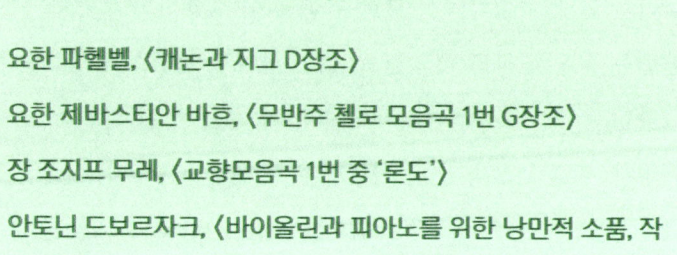

요한 파헬벨, 〈캐논과 지그 D장조〉
요한 제바스티안 바흐, 〈무반주 첼로 모음곡 1번 G장조〉
장 조지프 무레, 〈교향모음곡 1번 중 '론도'〉
안토닌 드보르자크, 〈바이올린과 피아노를 위한 낭만적 소품, 작품 75번〉

참고로 결혼식에서 무레의 곡을 쓸 예정이라면 왕관 소품을 활용하길 추천한다. 대관식을 연상시킬 만큼 장중한 곡이다.

결혼 생활이 왠지 삐걱거리고 힘들지만, 그래도 참고 살아보자는 마음이 든다면 아래 곡을 듣기를 권한다.

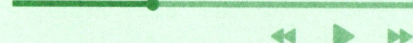

안토니오 비발디, 〈12개의 바이올린 협주곡집 '라 체트라' 중 5번 A단조, 작품 9번〉

팝이나 록 음악 중에도 결혼식에 어울리는 곡들이 많다. 개인적으로 아래의 곡을 추천하고 싶다.

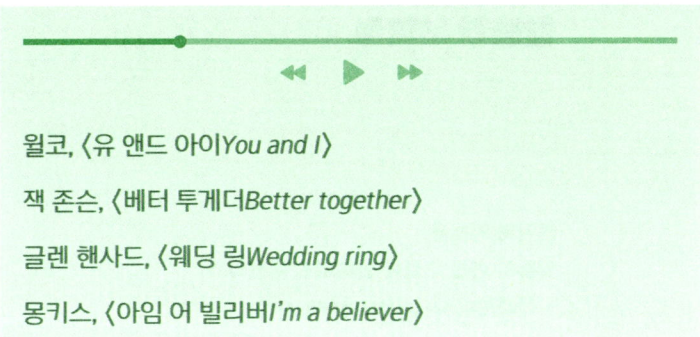

윌코, 〈유 앤드 아이You and I〉
잭 존슨, 〈베터 투게더Better together〉
글렌 핸사드, 〈웨딩 링Wedding ring〉
몽키스, 〈아임 어 빌리버I'm a believer〉

전략:
음악을 진짜 무기로 활용한 사례들

**음악과 리듬은
영혼의 가장 내밀한 곳까지 도달한다.**
- 플라톤Platon(기원전 약 428~348)

음악이 사기를 치는 도구가 될 때도 있다. 먼 옛날 예배당에서는 신도들에게 헌금을 더 걷기 위하여 오르간 음악을 나지막이 틀어놓기도 했다. 음악을 무기로 사용한 일화도 있다. 독재자들에게 항복 선언을 받아내는 데 음악이 일조하기도 했고, 망망대해에서 마주친 소말리아 해적을 음악으로 물리쳤다는 무용담도 있다. 음악을 고문 도구로 활용하다가 수많은 인권 단체로부터 비난의 표적이 된 사례도 있다. 하지만 요즘 독일에서도 음악을 틀어 공원 벤치나 역사에서 노숙하는 이들을 내쫓는 일들이 일어나고 있다. 노숙자를 내쫓는답시고 고른 음악들 중에는 도무지 납득되지 않는 곡도 있다. 이 장에서는 음악을 이용한 각종 심리적 전략에 대해 이야기해 보고자 한다.

심리를 조작하는 은밀한 소리

음악과 사운드로 사람을 속일 수 있다. 그러한 트릭에 관한 이야기들도 많이 전해 내려온다.

먼 옛날 교회들 중에는 이른바 '참회의 사운드'를 낼 수 있는 오르간을 설치한 곳이 있었다고 한다. 참회의 사운드는 주파수가 극도로 낮은 소리, 맨귀로는 들을 수 없는 불가청음이었다. 인간은 약 16헤르츠 이하의 소리는 듣지 못한다. 하지만 감지할 수는 있다. 몸으로, 무의식으로 느끼는 것이다. 참회의 사운드는 헌금 시간이면 어김없이 등장했다. 그때마다 오르간 연주자는 특별한 건반을 하나 눌렀고, 신도들은 이유 없이 불편한 기분을 느껴야 했다. 헌금을 더 많이 내야만 할 것 같은 왠지 모를 죄책감에 사로잡히는 것이다. 모르긴 해도 숙제를 안 해 갔을 때 과연 그날을 무사히 넘길 수 있을지 걱정되어 배 속이 부글부글 끓고 불안해지는 느낌과 비슷했을 것이다.

하지만 참회의 사운드를 둘러싼 전설 중 진실의 함량은 그다지 높지 않은 듯하다. 이름난 오르간 제조업체들조차 한때 존재했다는 그 은밀한 용도의 파이프에 대해 들어본 적이 없다고 했다. 하지만 음모론자들의 굳건한 신념을 꺾기엔 역부족이다. 음모론자들은 늘 "일부러 감추는 거야!"라고 외치니까. 그 뒤에는 앙겔라 메르켈도, 빌 게이츠도 있다고 할지 모른다.

하지만 참회의 사운드의 존재는 물리학적으로 인정받지 못했다. 여러 실험 결과 불쾌감과 두근거림, 메스꺼움 같은 부작용은 우리 귀로 들을 수 있는 소리, 그중에서도 특히 140데시벨이 넘는 시끄러운 소리가 유발하는 것으로 드러났다.

독재자를 물리친 음악의 힘

음악을 청각적 무기로 활용할 수도 있다. 특히 미국은 이 분야에서 거침없는 행보를 자랑한다. 1989년, 파나마의 독재자 마누엘 노리에가Manuel Noriega가 주파나마시티 바티칸 대사관으로 피신하자 미군은 대사관 주변에 진을 쳤다. 대사관은 법률상 파나마가 아닌 바티칸의 영토이기 때문에 안으로 쳐들어갈 수는 없었다. 혹자는 미국이 언제부터 그런 규정을 준수했느냐, 늘 자기들 마음대로지 않았느냐고 하겠지만, 이번만큼은 나름대로 작전이 있었던 듯하다. 미군은 대사관 주변에 대형 스피커와 플레이어를 설치했다. 그 일대를 야외 디스코장으로 둔갑시킨 것이었다. 군복 차림에 중무장한 디제이가 뉴 키즈 온 더 블록New Kids On The Block과 릭 애스틀리의 시끄러운 히트송들을, 뒤이어 상황상 의미심장할 수밖에 없는 KC 앤드 더 선샤인 밴드KC and The Sunshine Band의 〈기브 잇 업Give it up〉을 틀었다. 그 다음으로는 조금 더 과격한 로큰롤 쪽으로 선회했다. 빌리 조엘의 〈위 디든트 스타트 더

파이어We didn't start the fire〉, 트위스티드 시스터Twisted Sister의 〈더 파티 이즈 오버The party is over〉 등이 줄줄이 나왔고, 건즈 앤 로지즈Guns N' Roses와 AC/DC의 귀청을 찢을 듯한 히트송들이 대미를 장식했다.

결과는 대성공이었다. 독재자가 드디어 항복했다! 비록 열흘 가까이 걸렸지만, 이는 지금도 음악을 심리전에 활용하여 독재자를 무너뜨린 성공 사례로 역사에 남아 회자되고 있다. 하지만 우리는 생존 편향의 오류를 경계해야 한다. 생존 편향 오류의 기원은 제2차 세계대전으로 거슬러 올라간다.

미 해군 소속 엔지니어들은 전투기가 격추될 확률을 줄일 방법을 고심했다. 이를 위해 살아 돌아온 전투기들에 남은 탄흔을 면밀히 분석한 후 공격받은 부분을 강화했다. 결과는 실망스러웠다. 그러다가 다소 황당한 해결책을 찾아냈다. 무사히 귀환한 전투기에서 공격받지 않은 부분을 더 보강하는 방법이었다. 즉 발상을 전환하여 피탄 흔적이 있는 부분보다 없는 부분이 더 취약할 것이라는 사실을 생각해 낸 것이다. 손상을 입지 않은 부분에는 주의를 기울이지 않았던 게 실수였다. 이런 방식으로 미 해군은 지금까지의 인지적 오류를 발견했고, 취약한 부분을 보강함으로써 전투기 조종사들의 생존율을 높일 수 있었다고 한다.

생존 편향의 오류를 앞서 말한 파나마와 미군의 경우에 적용해 보자. 파나마의 독재자를 항복하게 만든 결정적 동인이 정말 음악이었을까? 어쩌면 노리에가가 은신 중이던 방이 너무 좁았고, 에어컨도 없었고, 읽을거리라고는 달랑 성경 한 권뿐이었으며, 그나마 있던 텔레비전 한 대마저 고장 나 볼거리가 아예 없었던 게 아닐까? 고립된 채 버티던 노리에가에게 음악은 오히려 유일한 위안이지 않았을까? 외로움을 달래줄 음악이 있었기에 더 오래 버틸 수 있었던 것은 아닐까? 이밖에도 심지어 노리에가가 머물던 방은 창이 대사관 안뜰 쪽으로 나 있어서 음악을 아예 듣지 못했을 것이라 주장하는 자료들도 있다.

음악을 이용한 심리전으로 성공을 거두었다는 이야기가 꽤 매력적으로 들리기는 한다. 30년이 지난 지금도 많은 이가 귀를 쫑긋 세울 만큼 재미있는 게 사실이다. 하지만 가만히 생각해 보면 이것도 오류일지 모른다. 성공 편향의 오류라는 이름을 붙일 만한.

음악과 독재자, 심리전 같은 '장치'들은 그 긴박하고 중차대한 사안을 가볍게 중화시켜 버린다. 중무장한 보병대가 대사관을 포위했다는, 시대적으로 묵직한 사안을 '독재자 대 팝 음악'이라는 에피소드로 엮으니 훨씬 더 인간적으로 느껴지는 건 부인할 수 없다. 어쩌면 이 작전에서 음악은 생각보다 효과적인 무기가 아니었을지 모른다. 미군의 이미지를 세탁하는 도구에 지나지 않았을 수도 있다.

브리트니 스피어스로 해적을 물리치다

'아프리카의 뿔'이라 불리는 아프리카 대륙 북동부에서는 잊을 만하면 소말리아 해적이 저지른 만행이 뉴스를 장식한다. 2010년대에만 컨테이너 선박의 선원 2천 300명 이상이 소말리아 인근 해상에서 납치당했다. 2013년 할리우드는 이 문제를 영화화하여 큰 성공을 거두었다. 주연인 필립스 선장 역은 톰 행크스Tom Hanks가 맡았다. 영화에는 앨라배마호에 탑승한 선원들이 해적이 다가오자 물대포로 맞서다가 붙잡히는 장면이 나온다.

영화가 개봉된 해, 영국 상선단은 자신들만의 방어 전략을 짰다. 해적이 다가오는 것을 감지하자마자 '폭격'하겠다는 전략이었다. 이때 사용할 '무기'가 바로 음악, 구체적으로 말하자면 브리트니 스피어스의 노래였다!

영국 상선단의 고위직인 레이첼 오언스Rachel Owens는 《더 미러The Mirror》와의 인터뷰에서 "그 사내들은 서방 세계의 문화나 음악을 감당하지 못했어요. 브리트니 스피어스의 히트송은 그런 의미에서 완벽했죠"라고 털어놓았다.

망망대해에서 벌어졌던 당시의 사건을 촬영한 영상도 있다. 하지만 영상을 보면 알겠지만, 영국 상선단은 오직 음악만으로 공격한 게 아니었다. 소말리아 해적을 향해 폭탄도 투하했다. 거기에 〈베이비 원 모어 타임〉을 배경 음악으로 깔았을 뿐이다. 인명을 경시하는 군사 작전 특유의 관습이 포함되어 있던 것이다. 오언스는 인터뷰에서 자기 선원들은 노래를 거의 듣지 못했다고도 말했다. 스피커를 뻥 뚫린 바다 쪽으로 울리게끔 설치해 뒀기 때문이었다.

영국 해양 산업 안보 협회 소속 스티븐 존스Steven Jones는 브리트니 스피어스의 노래가 해적을 소탕하는 데 혁혁한 공을 세웠다는 인터뷰 기사에 전적으로 동의했다. "제네바 협정을 위반할 경우에는 저스틴 비버의 노래를 틀면 어떨까 싶습니다"라며 영국인 특유의 유머를 추가하는 것도 잊지 않았다.

고문의 도구가 된 음악

쿠바 관타나모에 위치한 미군 기지 내 수용소에서 수감자 학대가 일어났다는 사실이 만천하에 알려졌다. 미 국방부 장관과 오바마 전 대통령도 이 사실을 인정했다. '워터보딩waterboarding'이라는 말이 삽시간에 널리 퍼졌다. 워터보딩은 사람을 묶어놓은 채 얼굴을 젖은 수건이나 헝겊으로 가리고 물을 들이부어서 피해자에게 익사에 가까운 고통을 느끼게 하는 고문 방식을 일컫는다.

가해자들은 고문 도구로 소리나 음악을 사용하기도 했다. 음악 고문 전용 공간까지 마련해 두었다고 한다. 어이없게도 그 방은 '디스코'라는 별칭으로 불렸다. 인권 단체 리프리브Reprieve는 핵심 증인들의 인터뷰를 바탕으로 '고문 음악 목록'을 작성했다. 리프리브가 발표한 리스트에는 록 음악이나 호전적인 군가뿐 아니라 동요도 포함되어 있었다. 누가 봐도 의도성이 짙다 여겨지는 데스메탈 밴드 디어사이드Deicide의 〈퍽 유어 갓Fuck your god〉에 이어 〈세서미 스트리트Sesame Street〉가 흘러나오는 식이었다.

수감자들은 무엇보다 귀청을 찢을 듯한 볼륨과 몇몇 노래들의 단조롭기 짝이 없는 멜로디 때문에 괴로웠다고 털어놓았다. 그런 음악이 몇 시간이고 흘러나오면 정말이지 견딜 수 없었을 것이다. 어린이용 텔레비전 시리즈에 나오는 노래를 몇 시간이고 계속 들어야 한다면 어떤 느낌일까? 가해자들은 그것만으로 모자라 직접 편집한 사운드를 틀기도 했다. 아기 울음소리와 고양이 울음소리를 섞어 수감자들에게 들려주며 심리적 고문을 가했다.

소음에 지속적으로 노출되는 일은 스트레스를 유발한다. 시끄러운 소리가 쉴 틈 없이 이어지면 듣는 이들은 결국 진이 빠진다. 게다가 관타나모 수용소의 가해자들이 고른 노래는 문화적 우월감을 과시하는 곡들이었다. 소말리아 앞바다에서 영국 상선대가 브리트니 스피어스의 음악을 선택한 것과 비슷한 의도였을 것이다. 또한 음악을 고문 도구로 활용하는 것은 피해자에게 무기력과 모멸감까지 심어준다. 음악 고문법이 '인기 있는' 또 다른 이유는 가해자가 느끼는 양심의 가책을 덜어주기 때문이다.

신체적 폭력을 가할 때에 비해 음악 고문은 심하게 말하자면 놀이쯤으로 느껴진다.

다행히 자기 노래를 고문에 사용하지 말라고 이의를 제기한 뮤지션들이 있었다. 제로 디비Zero dB라는 이름의 이니셔티브도 생겨났다. 레이지 어게인스트 더 머신Rage Against the Machine의 톰 모렐로Tom Morello나 매시브 어택Massive Attack 등의 밴드가 여기에 동참했다. 메탈리카Metallica만이, 더 정확히 말하자면 리드 보컬인 제임스 헤트필드James Hetfield만이 관타나모의 테러 방지 싸움에 자신들의 음악이 활용되는 것에 자부심을 느낀다고 밝혔다.

지나치게 큰 소리로 음악을 오래 들으면 청각이 손상될 뿐 아니라 뇌세포도 파괴된다. 헤트필드의 저 당당한 자부심도 어쩌면 40년 넘게 헤비메탈을 연주한 부작용이 아닐까?

사람을 배척하는 음악

안타깝게도 음악이 노숙자를 내쫓는 용도로도 사용된다고 한다. 구체적인 방법은 크게 다음의 세 가지로 정리할 수 있다.

1. 청각적 자극에 의존하는 퇴치법

몇몇 은행의 24시간 ATM 코너에는 노숙자를 쫓는 음악이 흘러나온다. 잠시 들러 통장을 정리하거나 돈을 찾는 고객들은 전혀 불편하지 않지만, 비바람을 피해 잠을 청하기에는 도저히 참을 수 없는 노래를 콕 집어서 틀어두는 것이다. 독일 일간지《쥐트도이체 차이퉁Süddeutsche Zeitung》은 추억의 팝송인 마이크 올드필드Mike Oldfield의 〈파 어보브 더 클라우즈Far above the clouds〉를 ATM 코너에 틀어놓은 독일의 대형 은행이 유독 많다는 사실을 포착했다. 그중 어느 은행의 홍보팀장에게 이유를 물어봤지만 이렇다 할 답변을 들을 수 없었다. 하지만 분명 그 곡을 고른 사람이 있을 것이다. 모르긴 해도 냉소적이기로 둘째가라면 서러운 사람이었을 것이다.

노래는 비를 홀딱 맞고 서 있던 한 남자가, 무엇이 들어 있을지 모를 가방을 집어 든 채 산길을 올라 구름 위로 가버렸고, 그 후로는 어떠한 소리 외에는 아무것도 들을 수 없었다고 이야기한다. 무슨 이런 가사가 다 있는가? 어쨌든 여기서 말하는 어떠한 소리는 튜뷸러 벨tubular bells이었을 것으로 추정된다. 이 노래가 수록된 올드필드의 앨범 제목도《튜뷸러 벨》이고, 반주에도 튜뷸러 벨 소리가 등장한다. 곤하게 잠들기에 적절한 악기 소리는 분명 아니다. 대형 마트에서 별 고민 없이 샀다가 후회하게 되는 초인종 소리를 생각하면 된다.

2. 불쾌한 소리를 이용한 퇴치법

단순히 음악을 크게 트는 것보다 더 교묘한 퇴치법이 있다.

특정 소리를 이용하는 것이다. 베를린 노이쾰른 지역에서는 광역 급행열차인 에스반S-Bahn과 도시 지하철 우반U-Bahn의 역사에 무조 음악atonal music을 틀기로 계획했다. 당시 지역 교통 담당관은 이 정책을 '구악舊惡에 신음악new music으로 대응하는 전략'을 수립한 것이라고 설명했다. 그러자 신음악 단체가 팔을 걷어붙이고 항의에 나섰다.

신음악 단체는 정책이 발효되는 바로 그날, 역사에서 무료 야외 콘서트를 개최하고 노숙자들에게 식사를 제공했다. 해당 행사에는 '엇박자 오프닝'이라는 의미심장한 제목이 붙었다. 행사를 지켜보던 담당관은 닫힌 공간에서 집중해서 감상하기에 적당한 음악을 엉뚱한 곳에서 틀면 안 되겠다며 꼬리를 내렸다. 그냥 엉뚱한 정도가 아니라 누군가에게는 상처를 주는 정책이니 더더욱 계획을 접어야 했다.

담당관은 다시 한번 밀림을 연상시키는 불편한 소리를 틀겠다고 고집했지만, 결국 정책을 중단하기로 결정했다.

3. 고급 장르를 동원한 퇴치법

불청객을 내쫓기 위해 클래식을 동원할 때도 있다. 클래식은 특정 사회문화적 경험을 공유하는 이들만이 즐기는 '그들만의 리그'라는 고정관념을 안고 있기 때문이다. 지금도 클래식은 왠지 고상하고 부유하며 교육 수준이 높은 백인 중심 문화권의 전

유물이라는 편견이 있다. 역사의 숨결을 담고 있는 공연장, 수백만에 달하는 혈세를 쏟아부어 건립한 최신식 콘서트홀에서 울려 퍼지는 클래식을 감상할 수 있는 티켓을 손에 넣은 이들은 최고급 패션으로 치장한 채 거리를 누빈다.

어떤 이들은 음악을 통해 금전적, 문화적 우월감을 드러낸다. 우월감을 과시하려는 의도가 털끝만큼도 없는 사람도 많겠지만, 노숙자나 약에 취한 채 거리에 누워 있는 취약 계층은 그런 이들을 보며 위화감을 느낄 수밖에 없다. 철도 업체와 운수 업체는 약자들의 내면에서 끓어오르는 이러한 잠재적 열등감과 '여긴 내가 있을 곳이 아니야'라는 이질감을 십분 이용한다.

함부르크 고가철도 홍보팀 소속인 어느 담당자는《디 차이트 Die Zeit》와의 인터뷰에서 한자 동맹 도시인 함부르크 중앙역과 기타 31개 역사에 부드러운 클래식 음악을 틀기로 결정했다고 밝혔다. 해당 정책을 추진하는 이유는 "마약의 온상이라는 이미지를 확실히 종식시킬 수 있는 기대감" 때문이라 답했다. 라이프치히Leipzig나 뮌헨München 같은 독일의 다른 도시, 혹은 오스트리아의 브레겐츠Bregenz 등지에서도 비슷한 전략으로 불청객을 성공적으로 내몬 '쾌거'를 올렸다고 한다. 그러기 위해 특히 포근한 곳, 비를 피할 수 있는 곳에 집중적으로 음악을 틀었다고 한다.

클래식 음악이 불청객 퇴치용으로 자주 쓰이는 또 다른 이유가 있다. 스쳐 지나가거나 잠시 머무는 경우에는 잔잔한 클래식을 편안하게 느낄 수 있지만, 계속 들어야 한다면 어떨까? 그만 듣고 싶어도 음악을 끌 방법이 없는 상태에서 계속 들어야 한다면? 아무리 부드럽고 잔잔한 음악이라도 끊임없이 듣다 보면 짜증이 밀려오게 마련이다. 통화 중 대기 음악을 몇 번까지 듣다가 짜증이 났는지 기억해 보라. 음악적 취향은 분명 주관적이다. 하지만 내가 스스로 튼 음악을 들을 때와 남이 튼 음악을 어쩔 수 없이 들어야 할 때의 기분은 천지 차이다.

클래식 중에서도 바이올린 연주곡이 노숙자를 퇴치하기 위해 자주 쓰인다고 한다. 포츠담대학교의 음악 교육학자 미하엘 뷔트너Michael Büttner는 《슈피겔》과의 인터뷰에서 바이올린 소리의 주파수가 약물에 취한 이들에게 신체적 고통을 안겨줄 수 있다고 말했다. 함부르크의 약물 중독 상담 단체인 스테이 얼라이브Stay Alive의 프레트 헤이덴Fred Heyden도 오스트리아 일간지 《데어 슈탄다르트Der Standard》와의 인터뷰에서 비슷한 의견을 피력했다. 노숙자 방지 담당자들이 퇴거 효과를 충분히 인지하고 클래식 음악을 의도적으로 투입했다는 것이다. 그에 따르면 선곡표 중 아주 높은 플루트 소리가 포함된 곡들도 있는데, 약물에 손을 대지 않은 이들도 참기 어려울 지경이라고 한다.

개인적으로는 세 가지 정책 모두 끔찍하다. 음악을 사회적 '불청객'들을 쓸어내는 청소용 빗자루로 쓰겠다는 발상 자체가 경악스럽다. 우리 사회는 다른 방법을 모색해야 한다. 베토벤을 틀어서 걸인 없는 거리를 만들겠다는 정책 따위가 나와서는 안 된다. 이와 같은 정책은 문제를 근절시키는 것이 아니라 취약층을 다른 곳으로 몰아넣는 것밖에는 안 된다. 은밀하게 엉뚱한 수작을 부리다가는 계층 간 골만 더 깊어질 뿐이다. 음악과 문화는 인류의 화해에 기여해야 한다. 모두에게 힘과 믿음을 줘야 한다. 누군가를 추방하는 수단이 되어서는 안 된다.

Ⅲ

더 나은 내가
되고 싶다면, 들어라

나를 변화시키는 음악 혁명

소통:
콘서트에 자주 가는 이들이
사회생활을 잘하는 이유

나는 피아노 연주가 아주 즐겁다.
공짜로 연주해 달라고 해도 응할 만큼 좋다.
내 일정 관리를 담당하는 에이전트가 이 사실을 몰라서 다행이다.
- 아르투르 루빈스타인 Artur Rubinstein(1887~1982)

나 자신을 위해 무언가를 하고 싶거나 누군가에게 좋은 일을 하고 싶다면 콘서트 티켓을 구입하거나 선물해 보자. 콘서트에 가면 다양한 사람을 만날 수 있고, 긴장을 풀 수 있으며, 휴식을 취하면서 에너지를 충전할 수 있다. 리듬에 맞춰 몸을 흔들 수 있다면 더더욱 좋다. 현장에서 감상하는 공연의 묘미는 특별하다. 프란츠 리스트는 19세기에 이미 클래식 음악으로 관객을 열광의 도가니로 몰아넣었다. 능동적인 문화생활이 건강 증진에 도움이 된다는 연구 결과도 있다. 더불어 콘서트는 잊지 못할 기억을 우리 뇌에 아로새겨 정체성을 확립하는 데 기여하기도 한다. 대부분은 가장 처음으로 갔던 콘서트를 기억하고 있을 것이다.

콘서트에 가면 오래 산다?

공연을 관람한 뒤 가슴 가득 차오르는 충일감을 느껴본 적이 있는가? 형언할 수 없는 아름다움에 도취되어 나도 모르게 슬며시 미소를 짓다가 옆 사람을 쳐다봤더니 그 사람 역시 나와 비슷한 미소를 띠고 있어 이심전심으로 미소를 교환한 경험이 있는가? 그렇다면 지금부터 내가 전할 희소식에 귀를 기울이기 바란다. 공연장을 자주 찾는 사람이 더 오래 산다고 한다!

콘서트 마니아들의 희망이 담긴 미신이나 낭설이 아니다. 스웨덴의 어느 연구팀이 무려 1만 609명을 대상으로 엄청난 규모의 연구를 수행한 끝에 내린 결론이다. 연구팀은 14년 동안 공연장에 간 횟수와 수명의 상관관계를 조사했다. 이와 비슷한 연구 결과가 또 있다. 공연장을 자주 찾는 이들이 암으로 사망할 확률이 더 낮다는 것이다. 이 현상을 어떻게 설명할 수 있을까?

더욱이 학자들은 유전적 요인이나 사회경제학적 요인은 연구 결과에 거의 영향을 미치지 않았다고 덧붙였다. 콘서트장에 가는 것만으로 수명이 길어지거나 암 사망률이 낮아진다니 더더욱 놀랍지 않은가? 앗, 반쪽짜리 정보로 독자들을 현혹해서는 안 되니 말을 약간 수정하겠다. 학자들은 콘서트장에 방문하는 것만이 수명을 연장한다고 말하지는 않았다. 어떤 장르가 되었든 적극적이고 능동적으로 문화생활을 즐기면 더 오래 살 수 있다는 것이 그들의 결론이다. 연극이나 뮤지컬, 전시회나 낭독회, 영화 등을 즐기는 것도 건강 증진과 수명 연장에 도움이 된다는 것이다.

다만 연구에서 콘서트가 조금 더 중요한 위치를 차지하는 것으로 드러나기는 했다. 골드스미스 런던대학교 연구팀은 실험 참가자를 세 그룹으로 나누고 각 그룹에게 서로 다른 활동을 하게 한 뒤 기분의 개선 정도를 체크했다. 강아지를 산책시킨 그룹은 행복감이 7퍼센트, 요가 수업을 받은 그룹은 10퍼센트가 개선된 반면, 콘서트를 관람하고 온 그룹은 무려 22퍼센트나 기분이 나아졌다. 강아지를 데리고 공연장에 가서 요가를 하며 공연을 관람했다면 어떤 결과가 나왔을까! 하지만 이 연구 결과는 맹신할 수 없다. 일단 표본 집단이 60명밖에 되지 않는다. 게다가 이 연구에 드는 비용을 지원한 단체가 다름 아닌 영국 최대의 공연 기획사였다. 수상한 냄새가 사방에 진동한다. 실험이나 결론 도출 과정에 편견이 개입하지 않았을 리 없다. 그럼에도 해당 연구팀이 발표한 내용이 영국의 대중 일간지 《더 선 The Sun》에 실렸고, 연구비를 후원한 기획사의 홍보팀은 기사를 보며 쾌재를 불렀을 것이다. 기사 내용 중 일부만 인용하자면 다음과 같다. "2주에 한 번씩 라이브 공연장을 찾는 사람은 수명을 족히 10년은 연장할 수 있다."

대학교 측의 연구 결과를 지나치게 높이 평가할 수는 없지만,

스웨덴 연구팀이 내린 결과는 조사 규모나 학술적 근거 면에서 나 꽤 신뢰가 간다. 라이브 공연 관람의 '약효'를 엉터리로 치부하기 전에 콘서트를 보는 것이 건강에 좋은 학술적 이유를 살펴보자.

1. 호르몬 분비를 통한 웰빙 효과

문화생활을 즐길 때면 우리 몸이 호르몬을 분비한다. 클래식이나 싱어송라이터의 공연을 관람하고 나면 편안히 하루를 보낸 것과 맞먹는 효과를 얻을 수 있다. '사랑의 호르몬'이라 불리는 옥시토신이 우리 몸을 가득 채우기 때문이다. 2015년 공개된 어느 의학 연구 결과에 따르면 라이브 공연 관람이 신진대사를 촉진하는 동시에 체내 면역 기능을 강화한다고 한다.

2. 운동 효과

록 페스티벌 관람객들은 몸을 많이 쓴다. 시도 때도 없이 양팔을 위로 뻗고 발을 구르며 공중으로 뛰어오른다. 하지만 음악에 흠뻑 취해 있기 때문에 힘들다고 전혀 느끼지 않는다. 세로토닌과 도파민, 노르아드레날린을 조합한 '행복 호르몬 칵테일'이 작용하는 한 모든 동작이 흥겨울 따름이다. 그러므로 더 많은 에너지를 얻고 싶다면 라이브 공연을 적극 추천한다. 경우에 따라 줌바 트레이닝보다 더 효과적일 수도 있다.

3. 고독 예방 효과

불현듯 엄습하는 고독감과 우울감을 예방하기에 콘서트만 한 것이 없다. 같이 갈 사람이 없어 어쩔 수 없이 혼자 공연장을 찾았다 할지라도, 말동무 하나 없이 홀로 우두커니 앉아서 슬픈 발라드만 듣는다 할지라도 외롭지 않다. 나와 비슷한 감정을 느끼며 음악을 감상하는 이들이 나를 둘러싸고 있기 때문이다. 노래를 듣고 나서 드는 감상을 옆 사람과 나눠도 좋다. 방금 같은 노래를 들었기 때문에 쉽게 공감대를 나눌 수 있다.

누군가와 교류하고 우정을 쌓는 행위가 면역 체계를 강화하고 정신 질환을 방지한다는 사실은 의학적으로도 이미 입증된 바 있다.

4. 오감 총출동 효과

공연을 관람하는 동안 신체적 감각과 정신적 감각이 결합한다. 클래식 공연장의 고급스러운 좌석에 착석할 때 혹은 페스티벌에서 관람하기에 좋은 장소를 찾을 때부터 우리 안에 이미 기대감과 설렘이 가득 차오른다. 라이브 행사에 참여했을 때 우리 몸은 평소와 다르게 반응한다.

블루투스 스피커나 주방 싱크대에 설치된 라디오로 음악을 틀어둘 때, 혹은 헤드폰이나 이어폰 등으로 혼자 조용히 음악을 감상할 때와는 천지 차이다. 라이브 공연장에서는 오감이 동시에 총출동한다. 일단 청각, 시각, 촉각, 후각이라는 네 개의 감각이 동시에 작동한다(후각이 늘 좋은 상태일 거라 단언할 수는 없다. 페스티벌 사흘째쯤이면 주변 냄새가 아주 향긋하지만은 않기 때문이다). 때로 미각을 동원하기도 한다. 록 페스티벌이라면 아마도 플라스틱 컵에 담긴 맥주를 마실 테고, 클래식 공연이라면 인터미션에 와인을 한 잔 즐길 수도 있겠다.

그런데 클래식 공연이 옛날부터 지금 우리가 알고 있는 형태는 아니었다. 모두가 자리에 앉아 공연을 관람하다가 중간에 잠시 쉬고, 다시 착석해서 관람하는 식의 클래식 콘서트는 1870년쯤부터 시작됐다. 그 전에는 클래식 공연이 8시간씩 줄기차게 이어지는 경우가 많았다. 청중은 공연 도중 언제든지 자유롭게 입장하거나 공연장에서 나와 수다를 떨었다. 기침을 하고 싶어도 주변의 눈치를 봐야 하는, 지금과 같은 분위기의 공연은 그로부터 한참 뒤에야 정착했다.

5. 종교적(?) 효과

요즘은 명상에 빠질 틈이 거의 없다. 심각한 고민이 있을 때 교회나 성당에 가서 기도로 응답을 구하는 이들도 찾아보기 힘들어졌다. 그렇다면 요즘의 시대적 분위기에 발맞춰 마음이 무거울 때 공연장을 찾으면 어떨까? 콘서트는 용기와 희망, 그리고 각자의 상황에 맞는 영감을 준다.

클럽 내 디제이 부스나 콘솔도 때로는 교회나 성당의 제대祭臺를 연상시킨다. 모두가 원하는 바로 그 노래를 트는 순간, '교인'들은 울부짖다시피 하며 엎드려 절한다!

6. 인지력 강화 효과

콘서트를 간다는 것은 곧 인지력을 강화한다는 뜻이다. 공연장에 가기 전부터 이미 내가 만나게 될 밴드나 오케스트라 혹은 솔로 아티스트에 대한 정보를 수집하고, 공연 포스터나 팸플릿도 공부한다. 공연장에 가면 생각할 것도 많고 누릴 것도 많다. 음악이 흐르기 시작하는 순간 우리 뇌에도 발동이 걸리고, 음악이 주는 감동과 우리 몸에서 분비되는 행복 호르몬 때문에 피로감을 느끼지 못한다. 지금 막 귀를 통해 뇌로 흘러 들어가는 음악을 처리하느라 우리 뇌는 분명 조깅을 하고 있지만, 그 사실을 의식할 필요 없이 그저 즐기기만 하면 된다. 그것이 바로 라이브 공연이 주는 인지력 강화 효과다.

음악 루틴 : 가능한 예산으로 콘서트 즐기기

건강을 위해 정기적으로 공연장을 찾자. 2주에 한 번 정도면 대략 적당한 횟수인 듯하다. 이때 '1-2-1-2… 규칙'을 지키는 것이 좋다. 최근에 라이브 공연 입장료가 꽤 비싸졌기 때문이다. 유명 아티스트의 공연을 비싼 값에 한 번 관람했다면 그 다음 두 번은 비교적 덜 유명한 밴드의

> 공연으로 채우자. 그래야 가산을 탕진하지 않고도 문화생활을 즐기고, 문화 산업계의 발전에 기여하며, 집에서는 느끼기 힘든 별천지를 체험하고, 새로운 음악을 알아갈 수 있다. 이러한 노력의 결과는 무엇이다? 그것은 바로 수명 연장!

라이브 공연의 매력

공연장에서는 모두 고삐 풀린 망아지마냥 열정적으로 날뛴다. 공연장에서 열광하는 자신의 모습을 제3자 입장에서 지켜보면 민망할 수도 있다. 라이브 공연 체험은 정말이지 어떤 말로도 설명할 수 없는, 경험한 사람만이 알 수 있는 유일무이한 느낌을 준다. 제아무리 뛰어난 녹음 기술과 촬영 기술을 동원해도, 그 어떤 라이브 스트리밍 기술로도 라이브 공연 분위기를 백 퍼센트 재현해 낼 수는 없다.

공연장에 들렀다가 세계 신기록을 목격할 때도 있다. 1988년 2월 24일, 세계적인 테너 루치아노 파바로티Luciano Pavarotti가 베를린 독일 오페라 극장의 무대에 섰다. 그날의 작품은 가에타노 도니체티Gaetano Donizetti의 오페라였다. 청중의 몰입도는 최고조였다. 특히 파바로티가 아리아 〈남몰래 흐르는 눈물Una furtiva lagrima〉을 부를 때는 공연장 전체가 마치 마법에 홀린 듯했다. 이후 무려 115회의 커튼콜 세례가 이어졌다. 파바로티는 무려 115차례나 몸을 숙여 인사를 해야 했다. 박수 소리가 이어진 시간만 67분이었다. 이 정도면 어디에서도 체험하지 못할 경험이라 불러도 되지 않을까?

행여 라이브 중에 '사고'가 일어난다면? 그것이야말로 현장에서 감상하는 팬들만이 누릴 수 있는 특별한 팬 서비스다! 예측 불가능성이야말로 라이브 공연의 묘미라 할 수 있다. 바야흐로 모든 것을 미리 완벽하게 준비하는 시대에 접어들어 그런 재미가 사라진 게 오히려 아쉬울 정도다. 내 주변에도 팝의 황제 마이클 잭슨을 광적으로 좋아하는 팬이 있다. 마이클 잭슨의 콘서트를 여든 번 넘게 직접 관람할 정도로 열렬한데, 그 친구 말에 따르면 사소한 사고가 터진 공연들이 더 기억에 남는다고 한다. 이를테면 커튼이 갑자기 열리지 않는다거나 그 외의 기술적 문제가 발생한 공연이 더 재미있었다는 것이다. 기술이 아니라 가수, 즉 마이클 잭슨이 이런저런 실수를 저지른 적도 있다고 한다.

라이브 공연만이 지니는 또 다른 매력은 엄청난 인파가 한군데로 몰리는데도 불구하고 긍정적인 에너지만 흐른다는 점이다. 얼마나 다행인지 모른다. 적어도 공연 역사상 그 반대의 경우는 거의 없었다. 축구 경기장만 해도 얘기가 달라진다. 홈팀과 원정팀이 서로를 비난하고 조롱하는 노래를 부를 때 분위기가 얼마나 험악해지는지는 안 봐도 빤하다. 축구나 음악이나 둘 다 라이브지만 공연장에서는 웬만해서는 그런 식의 충돌과 갈등이 일어나지 않는다.

관중 쪽에서 일으킨 '공연 사고'도 있었다. 아주 멋지고 감동적인 장면이었다. 2017년, 그린 데이가 하이드 파크에서 열리는 브리티시 서머 타임British Summer Time 페스티벌에 참가했을 때였다. 기대에 가득 차 그린 데이의 등장을 기다리던 팬들이 대기 시간에 틀어놓은 영상을 보며 퀸의 〈보헤미안 랩소디Bohemian rhapsody〉를 따라부르기 시작했다. 6만 5천 명의 관중이 자신들의 아이돌을 응원하며 '워밍업'으로 합창을 한 것이다. 구름처럼 모인 관중이 한마음으로 퀸의 히트송을 합창하는 소리가 화창한 여름날 저녁노을에 퍼지던 그 장면은 그야말로 장관이었다.

감동과 파괴와 흥분의 순간

앞서도 말했지만 라이브 공연의 하이라이트는 예측 불가능성에 있다. 최정상급 스타들도 그런 순간들을 즐긴다. 모든 것이 완벽하게 준비된 채로 돌아가는 월드 투어에서 예기치 못한 돌발 상황이 발생하면 팬들은 서둘러 그 장면을 휴대폰으로 찍어서 온라인에 업로드하고, 미처 공연장에 가지 못한 또 다른 수백만의 팬들이 그 영상을 클릭한다. 유튜브에서 '팬', '떼창', '콘서트' 같은 키워드로 검색하면 라이브 공연 중 갑자기 벌어지는 감동적 장면들을 감상할 수 있다.

파괴 퍼포먼스 때문에 재미가 더해지는 공연도 있다. 때려부수는 대상도 다양하다. 기타, 드럼 등의 악기를 비롯해 무대 위의 어떤 집기든 다 가능하다. 파괴 퍼포먼스를 자극하는 동력은 대개 머시 핏mosh pit, 즉 무대 바로 앞에 포진한 스탠딩 관객들이 서로 밀치고 끌어안고 춤추는 공간에서 나온다. '머시 핏 문화'는 코로나 팬데믹 시대를 맞이해 지양해야 하지만, 예전에는 록 콘서트에 가면 당연히 마주치는 현상이었다.

참고로 알려드리자면, 광란에 가까운 관객들의 환호와 열기가 1960년대 록 음악 시대에 최초로 등장한 현상이라고 함부로 주장하지는 말기 바란다. 19세기에 이미 롤링 스톤스Rolling Stones가 가장 와일드했던 시절 따위는 저리 가라 할 정도로 뜨거운 열기를 자랑한 콘서트들이 있었다. 1960년대 비틀즈의 광팬을 지칭하는 '비틀마니아Beatlemania'라는 말이 등장하기 한참 전, 통제가 도저히 불가능한 몇몇 비틀즈 팬들의 광기에 가까운 열정이 등장하기 전에 그와 비슷한 현상이 이미 존재했다. 그 주인공은 바로 1840년대에 존재감을 과시한 '리스토마니아Lisztomania', 즉 리스트의 광팬들이었다. 프란츠 리스트는 당대의 '팝 스타'였다. 프랑스 파리, 독일 베를린 등 어디를 가도 리스트의 공연장은 광란의 도가니였다.

1842년 독일 화가 테오도어 호제만Theodor Hosemann이 그린 캐리커처를 보면 리스트에 대한 당시 팬들의 사랑이 얼마나 열정적이었는지 한눈에 알 수 있다. 참고로 해당 작품은 베를린의 아마추어 합창단 베를리너 징아카데미Berliner Singakademie에서 개최한 공연에 영감을 받아서 그린 것이라 한다.

그림 속 객석에 앉은 여성들은 손뼉을 치며 환호성을 지른다. 심지어 혼절한 이도 있다. 리스트는 자신이 건반을 두드리는 모습을 객석에 앉은 누구나 다 볼 수 있도록 피아노 위치를 선정했다. 퍼포먼스의 효과를 극대화하기 위한 세심한 결정이었다. 그런 다음 동작을 일부러 크게 하며 귀만이 아니라 눈으로도 소리를 들을 수 있게 했다. 건반을 어찌나 세게 내리쳤는지, 때로는 피아노가 부서질 때도 있었지만 관객들은 놀라거나 당황하지 않았다. 오히려 흥분의 도가니로 더 깊이 빠져들었다.

영국 밴드 더 후The Who가 1960년대에 펼친 기타 파괴 퍼포먼스나 미국 밴드 너바나Nirvana가 그런지 록grunge rock을 한참 파고든 시기에 보여준 파괴 퍼포먼스도 꽤 '쿨'했다. 하지만 리스트처럼 거대한 악기를 망가뜨리는 퍼포먼스는 많지 않았다. 리스트를 제대로 재연할 사람이 언젠가는 나타나리라 믿는다.

건강:
음악이라는
천연 호르몬 치료제

**노래를 부르면
어떤 질병도 내쫓을 수 있다.
- 미겔 데 세르반테스 Miguel de Cervantes(1547-1616)**

음악도 처방전에 포함해야 한다! 음악의 질병 치유 효과가 상상을 훨씬 뛰어넘을 정도로 굉장하기 때문이다. 기분상 그렇다는 말이 아니다. 학술적 근거도 있다. 보험사의 후원으로 진행한 여러 학술적 연구 결과가 특히 음악의 치유 효과를 입증하고 있다. 음악은 우리 몸을 치유하는 슈퍼 푸드, 슈퍼 파워다. 노래를 부르면 더 건강해지고, 더 행복해지고, 코도 덜 곤다고 한다! 잭팟도 이런 잭팟이 없다.

음악은 통증을 호소하는 환자들의 모르핀 투여량을 줄여주고 치매 환자의 기억을 되살린다. 심폐소생술 시 적절한 압박 속도를 알려주는 팝송만 해도 100곡이 넘는다. 잠깐, 음악이 혹시 체중 감량에도 도움이 될까? 기타를 치는 사람들이 진짜로 더 오래 살까? 지금부터 이 질문들에 대한 답변을 함께 찾아보자.

음악이 치매에 도움이 되는 이유

공익 근무로 개신교 어느 교구의 관리 본부에서 일했던 시절, 노인들을 대할 일이 많았다. 일주일에 두 번씩 어르신들께 케이크와 디카페인 커피, 노래집을 나눠드렸다. 그러고 나면 어르신들이 자리에서 일어나 대열을 갖췄다. 쇼타임이 되었다는 뜻이었다!

케이크를 드시고 나면 노래 부르기가 시작된다. 음정 이탈은 기본이었다. 내가 너도밤나무로 제작한 피아노 건반을 두드리면 어르신들은 독일 민요들을 차례로 한 곡씩 불렀다. 분위기가 금세 후끈 달아올랐다. 목사님이 가끔 문틈으로 머리만 들이민 채 농담을 던지기도 했다. "정말 멋지게 잘 부르시네요. 성부도 여러 개로 나눈 거 맞죠? 하하!"가 목사님의 '고정 멘트'였다. 모두가 같은 멜로디를 부르고 있다는 걸 알면서도 일부러 그렇게 말한 것이다.

그럴 때마다 할머니 합창단원(할아버지 단원은 없었다)은 인자한 미소로 화답했다. 개중에는 어정쩡한 표정으로 억지 미소를 짓는 단원도 있었다. "우리도 다 아니까 목사님은 어서 가서 기도나 드리세요"라고 쏘아붙이고 싶은 듯한 표정이었다.

단원 중에는 특히 연로하신 할머니 두 분이 계셨다. 나와 같이 일하던 공익 근무자나 간병사가 '초청 가수' 두 분을 우리 방으로 모셔오신 것이었다. 숟가락 쥐는 법도 간혹 떠올리지 못할 정도로 노쇠한 상태였지만, 경쾌한 동요의 가사나 멜로디만큼은 확실히 기억했다. 적어도 노래를 부를 때만큼은 환자가 아니었던 것이다. 두 분 다 노래를 부르고 나면 부르기 전보다 늘 더 화사한 모습이었던 것으로 기억한다.

의학자들도 입을 모아 이 효과가 허상이 아니라 말한다. 음악이 치매 환자나 알츠하이머를 앓는 이들의 뇌 기능을 개선시킨다는 것이다. 그리고 수동적으로 감상할 때보다 능동적으로 노래를 부르거나 악기를 연주할 때 효과가 더 높다고 한다. 학자들은 사람이 15세에서 30세 사이에 익힌 가사와 멜로디는 평생 간다고 말한다. 한동안 잊고 살았다 하더라도 어느 날 불현듯 떠오른다는 것이다.

이보다 더 폭발적인 효과를 증명한 보고서도 있다. 보고서에는 공연을 보고 수년이 지난 뒤 갑자기 평소와 다름없이 정상적인 대화가 가능해진 환자의 사례가 담겨 있었다. 운동 능력이 개선된 경우도 있다. 휠체어 없이는 꼼짝도 못 하던 환자가 긴 세월이 흐른 뒤 몇 발짝을 뗄 수 있게 되었다고 한다.

음악이 치매 증상을 억제한다는 사실을 밝혀낸 학술 보고서도 많다. 노래를 부르면 엔도르핀이 더 많이 분비된다. 누군가와 함께 부르면 그 자체가 일종의 사회 활동이기 때문에 외로움을 덜 탄다. 입 주변 근육도 당연히 더 발달하고, 나아가 연하嚥下 기능도 개선된다. 음식을 더 잘 삼킬 수 있게 되는 것이다.

음악이 어떻게 이렇게 큰 기능을 발휘할까? 의학계에서는 우리 뇌의 멜로디나 가사를 저장하는 공간이 치매로 인한 타격에 한동안 공격을 받지 않기 때문이라 말한다. 긴 시간이 흐른 뒤에도 노래에 관한 기억만큼은 다시 불러올 수 있는 것이다. 나아가 그 부위가 다시 가동되면 뇌의 다른 영역에도 긍정적 영향을 미친다. 한 부위가 활성화되면서 이웃 부위들도 다시 잠에서 깨어나는 것이다. 음악은 그저 어렴풋이 건강에 도움이 되는 정도가 아니라 매우 구체적이고 의학적으로 우리 뇌에 긍정적인 자극을 준다.

환자에게 음악 치료법을 권하는 의사의 수도 늘어났다고 한다. 약물도 좋지만 음악의 효과도 무시할 수 없다는 점을 환자들에게 알려주는 것이다. 나의 바람을 버무려서 말하자면, 수동적 혹은 능동적으로 음악을 즐기는 행위는 비단 치매 예방이나 증상 완화에만 도움이 되는 것이 아니라 뇌세포를 재생하는 효과도 지니고 있을 듯하다. 그러니 건강 보험 공단이나 민간 보험사의 돈으로 모차르트 연주회나 빌리 아일리시Billie Eilish의 콘서트를 즐길 수 있는 세상이 어서 빨리 오기를!

치매 환자에게 도움을 주는 음악 치료법을 소개하고자 한다.

- ♪ 먼저 환자의 음악적 취향을 탐색하자. 여러 곡을 들려주거나 불러준 뒤 환자의 신체적 반응을 살피는 것이다. 만약 환자가 리듬과 박자에 맞춰 움직인다면, 혹은 조금이라도 흥얼거리거나 따라 부른다면 그 곡이 바로 환자가 좋아하는 곡이다.
- ♪ 리듬을 탈 수 있는 도구를 곁들이자. 예컨대 같이 노래를 부르며 박수를 치거나 환자와 함께 마라카스maracas나 우드블록, 탬버린, 리듬 방울 같은 타악기를 연주해 보자.
- ♪ 음악에만 집중하자. 치매든 뭐든, 환자가 현재 앓고 있는 질병을 지나치게 배려하지 말고 온전히 음악에만 몸과 마음을 싣자. 앞서 말했듯 음악은 아직 질병의 습격을 받지 않은 뇌 부위를 활성화한다. 그 부위가 더 활성화될 수 있게 음악만 생각하고, 집중해 노래 불러보자.

위 세 가지 방법은 간병인에게도 큰 도움이 된다. 치매 환자를 돌보는 가족 구성원의 고통은 몇 마디로 감히 정리할 수 없을 정도로 막심하다. 전문 의료인도 힘들어한다. 잠시나마 음악으로 그 부담을 덜어보자. 나아가 음악은 개개인의 안위에도 도움이 되지만 환자와 간병인 사이의 유대감도 강화한다.

지금 노래할 것

인간은 수십만 년 전부터 노래를 불러왔다. 조물주가 노래 부르기가 지닌 건강 증진 효과와 치유 효과를 감안해 우리 마음속에 노래를 부르고 싶은 욕구를 심어놓은 것은 아닐까? 그러나 노래 부르기가 건강에 도움이 된다는 사실을 알게 된 지는 얼마 되지 않았다. 이와 관련한 대부분의 연구는 21세기 초반에 나왔다. 하지만 연구의 역사가 짧다 해서 무조건 신뢰성을 의심할 필요는 없다. 지금부터 음악, 정확히 말해 노래 부르기가 지닌 건강 증진 효과를 몇 가지만 살펴보자.

1. 면역 체계 강화

2004년 프랑크푸르트 괴테대학교의 어느 연구팀이 합창단을 대상으로 연구를 실시했다. 합창단의 노래 실력을 평가한 게 아니다. 60분간 노래를 부른 뒤 혈액 성분이 어떻게 변화하는지를 조사한 것이다.

실험 결과, 노래를 부른 뒤 면역글로불린 A 수치가 높아졌다는 사실을 확인할 수 있었다. 단순히 노래만 불렀을 뿐인데 혈액 속 항체가 증가한 것이다. 이에 반해 60분 동안 노래를 부르지 않고 듣기만 한 대조군에게서는 그러한 변화를 관찰할 수 없었다. 이 실험은 능동적으로 음악을 즐길 때 면역 체계가 강화된다는 사실을 알려준다. 그러니 모두 안심하고 열심히 지저귀자!

2. 코골이 완화

꿈에 그리던 이상형을 만났다고 해서 무작정 빠져들지는 말자. 그 전에 꼭 체크해야 할 항목이 하나 있다. 그가 가끔 노래를 하는지 반드시 확인하자. 그게 장기적 안목에서 현명한 선택이다. 그래야 나중에 편안하게 잠들 수 있다. 왜냐, 노래를 부르는 이들이 코를 덜 골기 때문이다!

영국의 의학 연구팀은 노래 연습이 특정 부위의 목 근육을 강화한다는 사실을 밝혀냈다. 느린 속도로 구강을 열었다 닫았다 하는 운동, 즉 소위 '구강 트레이닝'이 코골이 증상을 확실히 감소시킨다. 애인이 어느 날 아침 "자기야, 합창단에 가입해 볼래? 노래 실력도 늘고, 그 외에도 좋은 점이 참 많대"라고 권한다면 결론은 하나다. 내가 밤새 전기톱으로 나무를 베었다는 뜻이다….

음악 루틴 : 코골이 때문에 주변 사람이 잠 못 이룰 때

간단한 구강 운동만으로도 코골이와 관련된 목 주변 근육을 강화하고 증상을 완화할 수 있다. 참고로 이 운동은 노래를 부르기 전 입을 풀 때도 매우 도움이 된다고 한다. 운동 방법은 '나-나-나'와 '노-노-노'를 매우 느린 속도로, 번갈아 가며 소리 내 발음하는 것이다. 크게 소리내지 않아도 괜찮다. 본인이 편안하다고 느끼는 볼륨과 높이로 천천히 반복하면 된다. 한 가지 주의할 점은 '나' 사운드를 낼 때에는 혀를 위쪽으로, '노' 사운드를 낼 때에는 혀를 아래쪽으로 향하게 해야 한다는 점이다. 이때 턱에 무리가 가지 않도록 손바닥 안쪽으로 뺨과 목 주위를 마사지해 주는 게 좋다. 이 마사지는 상악과 하악을 이완시키는 동시에 피부 미용에도 효과가 있다!

3. 자세 교정

요즘은 많은 이들이 하루 종일 모니터만 쳐다본다. 아침에 눈을 뜨자마자 스마트폰 화면부터 들여다보고, 직장에서는 노트북 화면을 쳐다보고, 퇴근 후 집에 오면 좋아하는 드라마를 챙겨 보느라 텔레비전 화면을 뚫어져라 응시한다. 침대에 누워 잠을 청할 때에도 스마트폰을 또 만지작거린다. 이 때문에 많은 이들이 등이 굽는 등 올바른 자세를 유지하지 못한다. 노래를 부르면 자세를 조금은 교정할 수 있다. 구부정한 상태에서는 목소리가 제대로 나오지 않기 때문에 자의 반 타의 반으로 자세를 바로잡는 연습을 하게 되기 때문이다.

4. 폐활량 증가

노래를 부르면 폐엽이 확장된다. 노래가 폐엽을 강화시킨다. 고른 속도로 풀무질을 할 때와 비슷한 원리다. 풀무질로 바람을 일으켜 불을 지피듯, 노래를 불러 폐활량을 높이는 것이다. 독일

폐 건강 재단은 만성 폐 질환 환자들에게 노래 연습을 통해 호흡에 필요한 근육을 강화하라고 권하고 있다.

노래 연습은 폐 질환을 앓고 있지 않은 건강한 사람에게도 도움이 된다. 프랭크 시나트라는 거꾸로 폐활량 증대 운동을 통해 노래 실력을 연마했다. 데뷔 초창기에 그는 수영장에서 많은 시간을 보냈다. 나중에는 레인 전체를 잠수한 채로 거의 주파할 수 있게 되었다. 수영장을 찾은 다른 사람들은 그런 모습을 보며 고개를 절레절레 저을 정도로 감탄했다고 한다. 시나트라는 운동으로 폐엽을 확대하고 폐활량을 늘렸다. 덕분에 결과적으로 남들보다 더 오래 숨을 참으며 노래를 부를 수 있게 되었다. 투철한 프로 정신이 이끈 결정이었던 것 같다.

5. 노래 테라피

적당량의 노래 연습은 탁월한 테라피 효과를 발휘한다. 치매 환자, 통증 환자 등 다양한 분야에서 효과가 입증되었다. 말을 더듬는 것은 주로 말하는 속도와 리듬이 문제를 야기하는 경우인데, 노래 연습이 손상된 뇌 부위의 협응력을 개선한다고 한다.

6. 사회적 교류의 기회

합창단이든 밴드든, 가족 혹은 누구와 함께든 여럿이 어울려 노래를 부르면 옥시토신이라는 공짜 선물을 받는다. 함께 노래를 부르면 스트레스는 줄어들고 인간관계는 돈독해진다. 노래가 사회성 발달에 도움이 되는 것이다. 자기 자신은 물론 타인에게도 나쁠 일이 전혀 없다. 크리스마스와 같은 기념일에 함께 노래를 부르면 즐거움이 더더욱 샘솟는다. 또한 합창단 중에는 여러 세대의 단원으로 구성된 곳이 많다.

7. 긴장감 완화

중요한 시험이나 취업 면접을 앞두고 있을 때, 애인의 부모님께 첫인사를 드리러 갈 때 등 살다 보면 긴장되는 순간이 한두 번이 아니다. 그럴 때 노래를 부르면 두려움이 조금은 줄어든다. 독일의 신경 생물학자 제럴드 휘터Gerald Hüther는 2018년 MDR 방송국의 지식 포털 《MDR 비센MDR Wissen》과의 인터뷰에서 "숨을 한껏 들이마시고 고개를 빳빳이 든 채로 노래를 불러보세요. 그렇게만 하면 돼요. 그러면 긴장감을 느끼려 해도 잘 되지 않을 겁니다"라고 말했다.

우리 조상들도 사냥을 나갈 때 이 방법을 활용했다. 게다가 이 방법은 몸이 덜덜 떨릴 정도의 큰 공포심이 아닐 때도 통한다. 약간 긴장했을 때에도 노래는 충분한 효과를 발휘한다. 스포츠 경기를 보면 팬들이 경기 전이나 경기 도중에 목청 높여 응원가를 부르는 모습을 자주 볼 수 있다. 이때 응원가는 팬들끼리의 소속감을 강화하는 역할도 하지만, 개개인의 긴장감을 누그러뜨리는 효과도 발휘한다.

8. 정신 건강 증진

노래를 부르면 행복해진다. 자의식이 강화되고 정신 질환을 예방한다는 학술적 근거도 나왔다. 이따금씩 열창을 즐기는 이들 중에 번아웃 현상에 빠지는 이는 드문 편이다. 2018년도판 『음악 심리학 연감Jahrbuch Musikpsychologie』에 나오는 말이다.

해당 연구에서 피실험자는 직업 가수들이었다. 남보다 뛰어난 노래 실력을 보여주지 않으면 안 된다는 압박감에 시달리는 이들로, 고용 상태가 매우 불안정한 이들도 많았다. 그럼에도 이들의 정신 건강 지수는 다른 실험군에 비해 나쁘지 않게 나왔다. 노래가 정신 건강에 미치는 긍정적 영향이 다시 한번 입증된 것이었다.

노래를 부르는 행위는 심신 건강을 직접적으로 증진시키기도 하지만 간접적으로 모종의 효과를 발휘하기도 한다. 노래를 부를 때 필요한 신체 기관을 자주 활용하는 이들은 대개 피로 회복 속도도 빠르고 자신의 신체적, 정신적 건강에 이상이 생길 경우 남들보다 더 빨리 그 사실을 알아챈다고 한다(미안하지만 이 연구 결과가 축구 경기장에 운집해서 목이 터져라 응원가를 부르는 팬들에게도 적용되는지는 잘 모르겠다).

노래 부르기의 효과와 관련한 희소식이 하나 더 있다. 전업 가수나 성악가가 아니어도 똑같은 효과를 누릴 수 있다고 한다! 잘 부르면 정신 건강에 도움이 되지만 못 부른다고 해서 정신 건강에 해가 되는 게 아니라는 것이다.

완벽주의를 강요받는 시대인 만큼, 입을 뗄 용기조차 내지 못하는 이들이 많다. 안타까운 현실이다. 하지만 지적을 당할까 두려워 노래를 부르지 못하면 자기만 손해다. 언제 어디서든 내키면 노래를 부르자. 만원 버스만 피하면 되지 않겠는가. 험한 사태를 방지하기 위해 집에서부터 시작해 보자. 사랑하는 아내나 남편이 내 노래 실력에 삐딱한 시선을 날린다면 이렇게 응수하자. "여보, 음치를 참을래, 코 고는 소리를 참을래?"

음악의 통증 억제 효과

'치과에 갈 때마다 매우 만족스러우신가요? 만약 그렇다면 그 병원이 일을 제대로 하고 있다는 뜻입니다!' 예약을 하고 갔다면 대기 시간은 당연히 길지 않을 것이고, 정기 검진에서 특별한 이상이 발견되지 않았다면 의사가 치아를 잘 관리했다고 칭찬해 줄 테고, 스케일링을 하더라도 더 많은 돈을 내고 특별 관리를 받아야 하는 일은 없을 것이다. 여기까지는 워낙 당연한 말이니 고개가 절로 끄덕여진다.

그런데 어쩌면 치과 의사나 간호사가 음악의 효능을 잘 알고 있기 때문에 환자들이 더 편하게 느꼈을 수도 있다. 치과에 가면 순서를 기다리는 동안 보통 잔잔한 음악이 흐른다. 진료실에 스피커를 설치해 둔 곳도 많다. 음악이 물리적 통증을 가라앉히는 효과가 있다는 사실을 알고 있기 때문이다. 통증 신호는 척수를 거쳐 뇌로 전달되는데, 그 신호를 처리하는 부위가 음악을 처리하는 부위와 가깝다. 통증을 느끼게 만드는 신경 전달 물질이 뇌로 전달되기 전에 음악이 '인터셉트'를 해버리는 것이다. 쉽게 말해 음악이 통증이 지나가는 길을 차단하고 통증을 덮어버린다고 이해하면 된다.

물론 음악이 백이면 백 도움이 되는 것은 아니다. 음악도 음악 나름이다. 문턱에 엄지발가락을 찧었을 때 차이코프스키의 〈호두까기 인형〉은 별 도움이 되지 않는다. 참을 수 없는 고통 때문에 일그러진 표정으로 리듬에 맞춰 깡충깡충 뛰어다니는 모습을 지켜보는 주변 사람들 입장에서는 재미있을 수 있겠지만….

사실 진통제의 메커니즘이야말로 여러 면에서 음악과 비슷하다. 진통제도 결국에는 우리 몸에서 뿜어나오는 불편한 신호들을 덮어서 감추는 역할밖에 하지 못한다. 통증이 신경계 속 '도킹 지점'으로 가지 못하도록 일시적으로 막아줄 뿐, 문제를 근본적으로 해결해 주지 않는 것이다.

수술을 받은 환자들에게 음악을 들려주면 모르핀 투여량을 삼분의 일가량 줄일 수 있다는 연구 결과도 나왔다. 정말 대단한 일이 아닐 수 없다. 진통제는 장기 복용 시 원치 않는 부작용을 유발할 수 있기 때문이다. 그래서인지 보험사들도 음악의 통증 억제 효과에 관심이 꽤 많다. 보험사 건물 내 복도 어딘가에는 다음과 같은 표어가 걸려 있을지도 모르겠다.

마취제 같은 화학 약물보다
음악이 더 싸게 먹힌다!

독일 최대 의료 보험사인 바르머 GEK~Barmer GEK~는 2007년 발간한 학술 논문 「보건 분야의 음악~Musik im Gesundheitwesen~」에 음악의 '무통' 효능을 다음과 같이 간결하게 밝혔다. "의학적 기능을 고려한 현대 음악 연구에서 공포감과 통증을 억제하는 다양한 접근 지점을 발견할 수 있었다". 미국 의료 시설에서 음악을 이용할 경우 3천 달러를 절감할 수 있으리라는 연구 결과도 나와 있다. 하루에, 병원 한 곳당 3천 달러라는 뜻이었다! 그 수치를 모든 의원과 1년 365일에 적용해서 곱하면 엄청난 비용을 아낄 수 있을 것이다.

음악은 급성 통증뿐 아니라 만성 통증에도 효과가 있다는 사실도 드러났다. 능동적 연주뿐만 아니라 수동적 감상도 도움이 된다. 노래 부르기는 물론이고 악기 연주나 율동도 도움이 된다고 한다. 베를린 통증 클리닉은 웹 사이트에 "음악 치료가 통증 환자에게 도움이 되는 이유가 무엇일까요?"라는 질문에 다음과 같은 답변을 달았다.

> 능동적으로 음악을 즐기면 통증을 '잊을' 수 있습니다.
> 통증을 덜 느끼거나 아예 느끼지 않을 수도 있다고 합니다.
> 그뿐 아니라 의료진 혹은 함께 치료받는 동료 환자들과도 더욱 편하게 소통할 수 있습니다.
> 음악 치료를 동반하면 진통제 복용량이나 투여량도 줄일 수 있습니다.
> 따라서 베를린 통증 클리닉은 복수複數의 통증 치료 방식을 동시에 추구하는 차원에서 음악 치료를 늘 병행하고 있습니다.

그렇다고 치과에서 신경 치료를 받으면서 마취 주사는 됐고 음악만 틀어달라고 우기면 큰일 난다. 드릴로 잇몸에 구멍을 뚫는 정도의 통증은 음악만으로는 감당할 수 없다. 그보다 덜한 통증이라 하더라도 선곡에 실패하면 오히려 신경에 거슬려 통증이 더 강해질 수도 있다. 하지만 통증이 미미한 경우라면 음악으로 고통을 어느 정도까지 줄일 수 있다.

음악의 호르몬 치료 효과

　보험사들이 음악을 치료제로 활용하는 것에 쌍수를 들고 환영하는 이유는 안 봐도 빤하다. 무상으로 쓸 수 있는 치료제가 환자의 체내에서 분비된다는데 반대할 이유가 전혀 없다.

　음악은 신경 화학 작용을 일으킨다. 슬픈 멜로디를 들으면 우리 몸에서는 위안과 평안을 안겨주는 유즙 분비 호르몬, 즉 프로락틴이 분비된다. 사랑의 호르몬인 옥시토신도 분비되는데, 옥시토신은 엄마와 아이 사이, 혹은 연인 사이 등의 관계에서 애착과 유대감을 강화하고 공포심을 줄이며 공감대를 증대시키는 기능을 지니고 있다. 요즘은 심지어 코에 뿌리는 옥시토신 스프레이도 출시되고 있다고 한다. 그러나 개인적으로는 옥시토신 스프레이보다는 아델Adele의 발라드를 더 추천한다. 아델의 발라드를 하루에 두 번만 귀에 '뿌리면' 더 큰 효과를 볼 수 있다고 조심스레 권해본다.

　경쾌한 음악은 행복 호르몬 도파민의 분비를 촉진한다. 도파민은 사람을 순간적으로 기분이 좋아지게 만들기도 하지만, 장기적으로는 치매를 비롯한 퇴행성 뇌 질환을 예방하는 효과도 있다. 음악을 즐기면 이러한 질환을 예방할 수 있다. 리듬에 맞춰 몸을 움직인다면, 신나게 춤까지 춘다면 효과를 증대시킬 수 있다.

　음악은 우리의 두뇌를 젊게 유지해 준다. 언제든 노래를 부르고 싶다면 충동을 억제하지 말자. 빗을 들고 거울 앞에 서서 '뇌 마사지'를 하며 목청을 높여보자!

음악의 우울증 치료 효과

음악으로 힘든 시간을 이겨낼 수 있다. 심리 치료 분야에서는 이미 '플레이리스트 치료법'도 활용하고 있다. 환자와의 상담을 거쳐 플레이리스트를 작성하는 것이다. 의사가 환자에게 어떤 노래를 좋아하는지, 환자의 기억 속에 각인되어 있는 노래가 무엇인지, 어떤 노래를 들으면 힘이 나는지 등을 물어본 뒤 플레이리스트를 구성한다. 당연히 환자가 비교적 안정적인 상태일 때 문진을 진행하고 목록을 작성한다.

그런데 플레이리스트를 작성할 때 유의할 점이 하나 있다. 단계에 맞게 리스트를 짜야 한다는 것이다. 차분한 곡부터 시작해 환자의 기분을 북돋우고 치료에 도움이 되는 곡으로 서서히 넘어가야 한다. 우울한 기분에서 조금씩 벗어날 수 있는 계단을 쌓아주는 것이다.

우울증 환자에게 음악이 치료 효과를 발휘할 수 있는 근본적인 이유는 음악이 지닌 고유한 특성 때문이다. 음악은 우리에게 혼자가 아니라는 느낌을 준다. 가수의 목소리는 말할 것도 없고 악기로 연주하는 애절한 멜로디도 누군가와 소통하고 있는 듯한 느낌을 선물한다. 기본적으로 음악은 홀로 남겨진 듯한 시간과 텅 빈 듯한 공간을 채워주는 훌륭한 매개체다.

음악은 그저 감상하는 것만으로도, 마음이 무거운 이들에게 큰 도움을 준다. 노래를 직접 부르면 긍정적 효과는 증폭된다. 느린 발라드를 듣거나 부르면 무언가가 나를 폭 감싸는 느낌이 든다. 자, 이쯤 되면 음악을 처방전에 고정 항목으로 집어넣어도 되지 않을까?

우울증을 질병으로 인지하는 분위기가 아직은 사회 전반에 널리 퍼져 있지는 않은 듯하다. 하지만 우울증은 분명 현존하는 심각한 질병이다. 잇몸에 구멍을 뚫을 때 음악만으로 마취 효과를 노릴 수 없듯 지속적 우울증 역시 오직 음악만으로 맞설 수는 없다. 증상이 심각하다면 당연히 전문가의 도움을 받아야 한다.

심폐 소생술을 할 때 들으면 좋은 노래

응급 처치에 비지스Bee Gees가 빠질 순 없다. 영화 〈토요일 밤의 열기Saturday Night Fever〉의 OST 중 하나이자 심폐 소생술 분야의 압도적 OST인 〈스테잉 얼라이브Staying alive〉를 부른 그룹이기 때문이다. '혀 트레이닝'를 하기에 더할 나위 없이 적합한 가사라는 점에서 재미있는 노래이기도 하지만, 누군가의 목숨을 살려야 하는 응급 상황에도 딱 들어맞는 노래다. 바로 그 상황에 필요한 동기를 부여하고 짙은 호소력을 발휘하기 때문이다.

단 한 가지 주의해야 할 점이 있다. 이 노래의 템포가 의료계에서 말하는 하한선보다 아주 약간 빠를 뿐이라는 점이다. 의식을 잃은 사람에게 심폐 소생술을 할 때에는 분당 100~120회 정도가 적당하다고 한다. 〈스테잉 얼라이브〉의 템포는 103bpm이다. 늘어진 카세트테이프나 덜덜거리는 LP판의 재생 속도는 심지어 100bpm보다 살짝 낮을 수도 있다. 물론 아무런 조치를 취하지 않는 것보다는 조금 느리게라도 심폐 소생술을 실시하는 편이 훨씬 낫기는 하다.

비지스의 이 고전 히트송이 떠오르지 않거나 굳이 다른 노래에 맞춰 심폐 소생술을 하겠다고 고집해도 아무 문제가 없다. 독일 연방 보건부가 분당 100~120bpm에 해당되는 노래 100선을 작성해 두었기 때문이다. 응급 처치 때 도움이 될 만한 노래들을 엄선한 것인데, 이런 목록을 작성해 두었다는 데 우선 박수를 보낸다. 목록에는 미스터 프레지던트의 〈코코 잠보〉 같은 노래들이 포함되어 있다. 이만큼 신나는 노래를 듣고도 의식을 되찾고 싶지 않은 사람이 있을까? 시작하자마자 어깨춤이 절로 날 정도인데?

음악으로 다이어트하기

체중과 건강은 감자튀김과 마요네즈만큼이나 떼려야 뗄 수 없는 관계다. 그런데 음악이 체중 감량에도 도움이 된다고 한다. 음악이 있으면 운동할 때 더 신이 난다는 사실은 모두가 알고 있을 것이다. 어떤 에어로빅이나 줌바도 음악 없이 진행되지 않는다. 그 외에도 웬만한 운동을 할 때 늘 음악이 흘러나온다. 그렇다면 몸은 움직이지 않은 채 음악만 듣는다면? 그래도 살이 빠질까? 홈쇼핑 채널에서 덜덜거리는 벨트 같은 걸 배에 두른 뒤 가만히 앉아서 텔레비전만 봐도 몇 분 뒤에 기적처럼 식스 팩이 생기는 장면을 보면 헤드폰을 끼고 앉아 있기만 해도 살이 빠질 것 같기도 하다.

아쉽지만 그런 기적은 일어나지 않는다. 하지만 음악이, 좀 더 정확히 말해 음악의 템포가 우리의 식습관에 영향을 미치기는 한다. 밥을 천천히 먹는 습관은 건강에 도움이 된다. 첫째, 소화가 잘된다는 장점이 있고, 둘째, 느리게 먹으면 대체로 식사량도 줄어든다.

덴마크 오르후스대학교의 연구팀은 300명의 참가자에게 헤드폰을 낀 채 초콜릿을 먹은 뒤 맛을 평가해 달라고 요구했다. 평가를 요청한 것은 실험의 의도를 숨기기 위한 속임수였다. 실험의 진짜 의도는 듣고 있는 음악의 템포에 따라 초콜릿 섭취량이 어떻게 달라지는지 파악하는 것이었다. 아주 느린 음악을 들은 그룹은 느린 속도로 초콜릿을 먹었고, 빠른 템포의 음악을 들은 참가자들은 빠른 속도로 초콜릿을 먹었다. 여기까지는 놀라울

게 없다. 그 다음 내용이 진짜 반전이다. 음악을 아예 듣지 않은 그룹이 초콜릿을 가장 많이 먹어치웠다는 것이다. 즉 빠른 음악을 들으며 무언가를 먹는다 하더라도 음악을 아예 듣지 않을 때보다는 섭취량을 낮출 수 있는 것이다.

안내 말씀:
음악 없이는 절대로 초콜릿을 먹지 말 것!

미국 아칸소대학교 연구팀은 특정 음악 장르가 식습관에 영향을 미치는지의 여부를 조사했다. 결론은 '그렇다'였다. 이를테면 흐느적거리는 재즈를 들으면 식탐이 강해진다고 한다. 배가 부를 때까지 먹은 뒤에도 조금 더 먹게 되는 효과가 나타났다는 것이다. 재즈계의 클래식 중 하나인 데이브 브루벡Dave Brubeck의 〈테이크 파이브Take Five〉의 위상이 갑자기 바닥으로 곤두박질치는 느낌이다. 아무리 그래도 저 노래를 듣는다고 설마 갑자기 다섯 끼를 먹게 되진 않겠지? 클래식 음악의 효과도 재즈와 비슷했다. 클래식 음악도 '폭풍 식욕'을 불러일으킬 만한 잠재력을 충분히 지니고 있나 보다….

힙합은 완전 반대였다. 힙합 비트 덕분인지 실험 참가자들이 무언가를 계속 먹는 대신 자리에서 일어나 몸을 움직이는 모습을 관찰할 수 있었다고 한다.

채식을 선언한 뮤지션들

고기를 덜 먹거나 아예 안 먹겠다고 결심하는 이들이 늘고 있다. 음악계에도 모범 사례(?)가 꽤 많다. 브라이언 아담스Bryan Adams는 고기는 쳐다보지도 않는다고 한다. 에리카 바두Erykah Badu도 마찬가지다. 이밖에도 당장 떠오르는 채식주의자 클럽 멤버만 꼽아도 브랜디Brandy, 빌리 아일리시, 보이 조지Boy George, 에이브릴 라빈Avril Lavigne, 리조Lizzo, 얼래니스 모리셋Alanis Morissette, 제이슨 므라즈Jason Mraz, 스티비 원더 등 무수히 많다. 1975년 채식주의를 선언한 폴 매카트니Paul McCartney는 기후 위기에 대처하기 위해 일주일에 하루를 '고기 없는 날'로 정하자는 캠페인까지 벌이고 있다.

마이클 잭슨은 1995년 뒤스부르크Duisburg 공연 당시 〈내기할까요…?Wetten, dass…?〉라는 텔레비전 프로그램에 출연해 육식을 자제하는 식습관을 들이고 싶다고 밝힌 적이 있다. 해당 쇼를 송출한 방송사는 그날 작고 단단한 롤빵인 브뢰첸과 딸기잼을 잭슨에게 서빙했다고 밝혔다. 당시만 해도 뒤스부르크가 속한 루르 지역에는 브뢰첸에 다진 생 돼지고기를 얹어 먹는 이들이 많았다. 지금은 채식주의자를 위한 음식과 식재료가 꽤 많이 출시되었다. 심지어 루르 지방에서도 이러한 트렌드를 관찰할 수 있다고 한다.

아리아나 그란데Ariana Grande는 SNS에서 일본식 매크로바이오틱 식이 요법을 추구하겠다고 선언했다. 채식주의에 대한 일종의 대안인 셈이었다. 어느 인터뷰에서도 "저보다 동물을 더 사랑하는 사람은 많이 없을 거예요. 농담이 아니에요"라고 말했다.

하지만 채식주의를 표방한 월드 스타들 중 채식을 주제로 한 노래를 발표한 가수는 의외로 드물다. 아마도 팬들 중 채식을 싫어하는 이들이 있을 것을 우려해서 피한 게 아닐까 싶다. 채식과 관련해 히트를 기록한 최초의 노래는 더 스미스The Smiths에게서 나왔다. 더 스미스에서 보컬과 작사를 담당한 모리세이Morrissey는 1985년 〈미트 이즈 머더Meat is murder〉라는 노래를 발표했다. '육식은 살해'라는 노래의 제목이 앨범 전체의 제목이기도 했다. 프린스Prince도 1998년 〈애니멀 킹덤Animal Kingdom〉이라는 곡을 내놓았지만 상업적으로 큰 성공은 거두지 못했다.

혹시 관심 있는 독자들을 위해 채식과 관련된 곡 몇 개만 소개하자면 다음과 같다.

멜라니 사프카, 〈아이 돈트 이트 애니멀스*I don't eat animals*〉
데드 프레즈, 〈비 헬시*Be healthy*〉
초컬리스, 〈포티 이어 올드 비건*40-year-old-vegan*〉

NOFX, 〈클램스 해브 필링스 투 *Clams have feelings too*〉
굿 클린 펀, 〈비트 더 미트 *Beat the meat*〉
린다 매카트니, 〈카우 *Cow*〉

기타를 사면 수명이 길어질까?

건강 뒤에는 늘 장수長壽가 따라붙는다. 음악사적으로 볼 때 특히 더 긴 수명을 자랑하는 그룹이 있다. 세계적인 밴드에서 기타리스트로 활약하며 자신이 속한 밴드보다 더 독보적인 존재감을 과시한 이들이 주인공이다. 일단 레드 제플린Led Zeppelin의 지미 페이지Jimmy Page, 퀸의 브라이언 메이Brian May, AC/DC의 앵거스 영Angus Young, 건즈 앤 로지즈의 슬래시Slash 등이 떠오른다. 다들 아직 살아 있다. 롤링 스톤스의 키스 리처즈Keith Richards도 빼놓을 수 없다.

이 이름들이 요즘 젊은 세대는 낯설 수 있다. 그간 인기 장르에도 지각 변동이 일어났기 때문이다. 예전에 록이 모두를 열광시켰다면 지금은 힙합이 대세다. 리드 보컬의 자리를 래퍼가 대신하고 있고, 기타리스트의 자리는 컴퓨터 앞에 앉아 마우스로 비트를 제조해 내는 '비르투오소virtuoso'들이 대신하고 있다.

하지만 한때 록을 주름 잡았던 남성 기타리스트나 재니퍼 배튼Jannifer Batten 같은 여성 기타리스트가 '멸종'할 일은 없다. 기타를 소유하는 것만으로도 영생을 누린다는 학설이 있기 때문이다.

진짜로 영생한다는 말은 아니고, 남들보다 오래 산다는 말쯤으로 이해하길 바란다.

기타를 소유하는 것이 긍정적 효과를 발휘한다는 말에는 전적으로 동의한다. 우리 집에는 기타가 총 여덟 대 있다. 거의 모든 코너에 기타를 세워뒀다고 보면 된다. 남들이 화분으로 장식하는 곳에 나는 기타를 놓아두었다. 기타의 장점은 주기적으로 물을 주지 않아도 된다는 것이다. 그렇다고 가꾸지 않아도 된다는 말은 아니다. 아끼고 보살피지 않으면 기타도 녹슨다.

만약 진짜로 기타를 한 대라도 소유한 사람의 수명이 더 길다는 학술적 연구 결과가 나온다면, 문화생활과 관련된 물건을 가꾸는 행위가 건강에 여러모로 도움이 되기 때문일 것이라 조심스레 추정해 본다.

나는 기타가 수명 연장과 관련이 있든 없든 한 대 정도는 구입할 가치가 충분히 있다고 본다. 직접 연주하는 건 더더욱 권장한다. 기타의 장점을 나열하자면 끝도 없겠지만, 몇 가지만 언급하자면 다음과 같다.

1. 빠른 성취감

기타 연주는 기본 코드 몇 개만 배워도 충분하다. C코드와 G코드만 알아도 존 레넌John Lennon의 〈기브 피스 어 챈스Give peace a chance〉 같은 유명한 곡을 연주할 수 있다. 캠프파이어나 교회 청년부 모임에서 스타가 될 수도 있다.

2. 교류의 수단

기타는 반주로 아주 훌륭한 악기다. 누군가 기타를 퉁기고 있으면 주변에 서 있거나 앉아 있던 이들이 금세 이 곡, 저 곡을 연주해 달라고 요청한다. 그만큼 사회적 교류에 좋은 도구라는 뜻이다. 플루트 연주자에게 "아무거나 하나만 불어보세요"라고 하기는 쉽지 않지만 기타 연주자에게는 "무슨 곡이든 좋으니 한 번 쳐보세요"라고 쉽게 말할 수 있다.

3. 편리한 이동

기타는 '기동성'이 좋다. 들고 다니기 편하다. 하프를 들고 어딘가로 이동해야 한다고 생각해 보라. 그랜드 피아노를 어딘가로 옮겨야 한다고 상상해 보라. 접이식 기타, 조립식 기타도 있다. 튼튼한 탄소 섬유 소재의 통기타 라바 미Lava Me나 에드 시런이 노상에서 연주할 때 사용했다는 미니 기타 마틴Martin도 있다. 둘 다 어린이용 기타라 불러도 좋을 정도로 작지만, 작다고 얕볼 일이 아니다. 미니 기타로도 세계적인 명성을 거머쥘 수 있다는 사실이 이미 입증되었다.

4. 저렴한 가격

바이올린이나 금관 악기, 가격이 무려 6천 유로에 달한다는 중국 악기 수제 공gong에 비해 기타값은 저렴한 편이다. 300~600유로 정도면 꽤 괜찮은 어쿠스틱 기타를 구입할 수 있다. 내가 좋아하는 기타 중 하나도 180유로밖에 하지 않았다. 펜더Fender사에서 만든 입문자용 모델이다.

남들 같으면 제일 예쁜 화분을 놓아둘 법한 자리에 나는 그 기타를 고이 모셔두었다. 단 햇빛은 차단했다. 연습실이나 스튜디오에서 작업하는 뮤지션들과 마찬가지로 기타도 햇빛과 상극이다.

중고 시장 쪽도 둘러볼 만하다. 중고 시장에 가면 전 주인이 길을 잘 들여둔 보물을 건질 수도 있다. 10년쯤 된 악기라면 나무로 된 부분의 기능이 쇠퇴하기 마련이지만, 그 또한 나쁘지 않다. 프렛보드가 오히려 더 고른 소리를 낼 수 있다. 손때 묻은 기타, 여기저기 흠집이 난 기타도 사용하다 보면 정이 든다.

5. 투자 가치

고가의 기타를 구입했다가 낭패를 볼 염려는 붙들어 매둬도 된다. 세월이 흘러도 제값을 받고 되팔 수 있을 확률이 더 높다. 요즘 세상에 이 정도로 안전한 투자는 많지 않다. 가격이 급등할 때도 있다. 1950년대나 1960년대에 만든 깁슨Gibson 기타 중에는 현재 중고 시장에서 소형차 한 대 값으로 거래되는 물건도 있다.

2만 유로 언저리쯤인 것으로 알고 있다. 2020년 6월, 마틴 D-18E 어쿠스틱 기타가 경매에서 600만 달러에 낙찰되기도 했다. 기타 경매 사상 세계 신기록이었다. 커트 코베인Kurt Cobain이 전설적인 라이브쇼 〈MTV 언플러그드MTV Unplugged〉에 들고 나와서 기타의 가치가 폭등한 것은 사실이지만, 그게 아니라 하더라도 기타는 투자 가치가 충분한 자산이다. 자, 금과 주식, 부동산일랑 싹 잊고 이제 기타에 투자하자!

6. 스트레스 해소

기타를 팅기면 기분이 좋아진다. 학술적으로도 입증된 사실이다. 폭주하듯 기타를 긁는 행위도 스트레스 해소에 도움이 된다고 한다. 실제로 그런지 아닌지는 지미 헨드릭스에게 물어보자.

여느 악기와 마찬가지로 기타도 인생에 여러모로 긍정적인 영향을 준다. 주기적으로 기타 연습을 하면 집중력이 향상되고 창의력과 자의식이 높아진다. 널리 퍼져 있는 편견과는 달리 클래식뿐 아니라 헤비메탈도 심혈관계 질환을 예방하는 데 효과가 있다. 헤비메탈도 혈압을 낮춰준다.

하버드대학교나 옥스퍼드대학교에서 내놓은 권위 있는 자료에 근거한 말은 아니다. 독일 헤르네시의 마리엔대학병원에서 2013년 실제 환자 60명을 관찰한 뒤 내놓은 결론이다. 루르 지역 어느 도시의 대로변 옆에서 성장한 사람으로 하는 말인데, 헤르네시 시민 중에는 헤비메탈을 고요한 음악이라 생각하는 이들이 충분히 있을 수 있다!

7. 섹시한 이미지

기타 케이스를 메고 다니기만 해도 매력도가 높아진다. 남자든 여자든 기타를 둘러메면 다 멋있어 보인다. 데이트 때 애인이 "우와, 기타도 칠 줄 아세요? 대단해요! 아무거나 하나만 연주해 주시면 안 돼요?"라고 물어본다면 일단 줄을 튕기고 보자!

도저히 자신이 없다면 기타를 치다 보면 괜히 감성에 젖으니 나중에 때가 되면 연주해 주겠다고 정중히 사양하면 된다. 어쨌든 기타는 들고 있는 것만으로도 나름의 아우라를 발휘하는 묘한 매력을 지니고 있다(우리 집에는 기타가 여덟 대나 있다!).

기타 연주는 부작용이 거의 없다. 하루아침에 유명 스타가 되어 흥청망청 술을 마시고, 마약에 손을 대고, 생강차를 입에 달지 않는 이상 기타를 친다는 이유만으로 인생을 망칠 일은 없다(그런데 왜 뮤지션들은 엄청난 양의 생강차를 마시는 걸까?). 유명 기타리스트가 된 후 호텔방을 때려 부수고 싶은 충동을 느끼고 그 충동을 실제로 행동으로 옮긴다 하더라도 큰 문제는 되지 않는다. 록 스타에게는 어쩌면 그게 미덕일 수도 있다! 적어도 키스 리처즈의 명성은 그 정도 사건으로는 금이 가지 않았다.

성취 :
새해 목표를 연말까지 이어가는 위대한 음악 습관

**연주자들은 경청하는 지휘자를 좋아하고,
청중은 체조하는 지휘자를 사랑한다.**
- 만프레트 힌리히 Manfred Hinrich(1926~2015)

소리가 동기를 부여한다. 아무 곡이나 다 그렇다는 뜻은 아니다. 자칫하다가는 디제이가 고른 곡 때문에 플로어가 텅 비어버리는 사태가 발생할 수도 있다. 반대로 어떤 곡에 '꽂혀서' 발길이 피트니스 센터로 절로 향하고, 그곳에서 흘러나오는 멋진 곡 때문에 트레이닝을 더 열심히 할 수도 있다. 그런데 음악이 언제나, 또 장기적으로 운동에 도움이 될까? 쾰른 체육대학교는 그렇지 않다고 말하며, 조깅할 때 들으면 좋은 노래를 고르는 간단한 방법을 알려준다.

땀을 흠뻑 흘리고 나면 땀을 식힐 시간도 필요하다. 그럴 땐 어떤 음악이 좋을까? 노래가 체온에도 영향을 미치는 듯한데, 그렇다면 어떤 노래가 준비 운동에 적당하고 어떤 음악이 정리 운동에 알맞을까? 굳이 운동할 때가 아니더라도 어떤 음악이 목표와 계획을 달성하는 데 도움이 될까? 이 장에서는 이에 대한 이야기를 나누어보고자 한다.

음악을 들으며 운동하는 게 도움이 될까?

운동할 때 음악을 듣는 편이 좋을까? 대부분은 본능적으로 "그렇다"라고 대답한다. 음악은 힘을 북돋을 뿐 아니라 신나는 리듬 덕분에 잡념을 떨친 채 운동에 집중할 수 있다. 얼핏 생각하기에도 운동할 때 쿵쿵 울리는 베이스 소리가 반드시 있어야 하는 이유는 끝도 없이 많을 것 같다. 그런데 세부적으로 들어가면 이야기가 조금 달라진다. 누가, 언제, 얼마나 자주, 어떤 몸 상태에서, 어떤 운동을 하느냐에 따라 음악의 효과를 세분화해 볼 필요가 있다.

희소식부터 전하자면, 국가 대표로 올림픽 조정 종목에 출전할 게 아니라면, 철인 3종 경기를 매일 맹훈련하다가 저녁이면 녹초가 될 예정이 아니라면 음악이 운동 효과를 크게 상승시켜주는 게 확실하다고 한다.

캐나다 해밀턴의 연구팀은 운동 경험이 없는 아마추어들에게 서킷 트레이닝을 시켜본 결과, 음악을 들려주지 않았을 때보다 음악을 들려줬을 때 트레이닝에 적응하는 속도가 훨씬 더 빨랐다고 발표했다. 음악 덕분에 전신 운동 코스의 강도를 더 약하게 체감한 것이다. 중간에 포기하지 않고 트레이닝을 계속 이어가려는 의지도 더 높게 나왔다. 여러 가지 운동을 돌아가면서 하는 서킷 트레이닝을 환영하는 입문자는 거의 없다. 그런데 음악이 운동 의지는 상승시키고 포기하고 싶은 마음은 억눌러 주었다.

운동 경험이 꽤 많은 이들에게서도 긍정적 효과를 발견할 수 있었다. 《체력 및 컨디션 연구 저널Journal of Strength and Conditioning Research》은 다음과 같은 연구 결과를 발표했다. 주기적으로 달리기 훈련을 하는 이들에게 한 번은 음악을 들으며, 한 번은 음악 없이 5킬로미터씩을 달리게 한 뒤 결과를 측정했다. 음악을 듣지 않은 경우 평균 27분 20초가 걸렸고, 음악을 들으며 달린 경우에는 평균 26분 45초만에 주파했다. 35초를 단축한 것이다. 나라면 그 35초를 가쁜 숨을 얼른 가라앉히는 데 쓰겠다. 다른 선수들도 마찬가지겠지?

운동하는 동안 음악을 들으면 산소 공급이 원활해진다. 평소보다 여유로운 상태에서 심호흡할 수 있게 되기 때문이다. 모순처럼 들리겠지만 음악은 동기를 부여하는 동시에 진정 효과도 지니고 있다. 자세 교정 효과도 있다. 허리를 펴고 꼿꼿한 자세를 유지할 수 있게 된다. 이 모든 것이 합쳐지면 신체 기능이 향상하고, 결과적으로 운동 효과도 높아진다.

음악으로 '시차'를 극복할 수도 있다. 인간의 운동 능력은 대개 이른 아침보다는 늦은 오후로 접어들면서 높아지지만, 운동하기 전에 10분가량 음악을 들으면 그 차이가 흐려진다. 아침 7시에 한 번, 오후 5시에 한 번씩 운동한 실험 참가자들을 조사한 결과가 그러했다. 개인적으로는 새벽녘부터 운동화 끈을 조여 매고 조깅하는 이들에게 무한한 경의를 표한다. 어쩌다가 그런 이들을 볼 때면 '분명 중요한 기업의 CEO이거나 영화 〈보디가드〉의 케빈 코스트너 같은 이들이겠지?'라고 생각한다. 그런 사람들과 언제 마주치느냐고? 나도 가끔은 신선한 크루아상이 먹고 싶어서 이른 아침에 베이커리로 달려간다!

음악이 모든 이들의 운동에 도움이 되는 것은 아니다. 바벨스베르크의 영화 스튜디오를 방문했을 때 OST를 담당한 뮤지션들과 쉬는 시간에 잠시 대화를 나눌 기회가 있었는데, 조깅할 때 음악을 듣는다는 이는 그중 한 명도 없었다. 음악을 들으면 오히려 리듬이 흐트러진다고 했다. 음악이 직업인 이들은 비전문가와 다르게 반응한다. 음악을 듣는 순간 자동적으로 분석에 돌입하고, 그 때문에 운동에 집중할 수 없게 되는 것이다. 귀가 그렇게 세팅되어 있기 때문에 어쩔 수 없다. 혹시 바이올린을 켜며 조깅하는 바이올리니스트를 한 번이라도 본 적이 있는지?

음악을 분석하고 비판하는 습관이 없는 사람이라면 운동할 때 음악을 들어서 나쁠 일이 없다. 그렇다면 어떤 음악을 들어야 긍정적 효과를 더 강하게 누릴 수 있을까? 다음은 쾰른 체육대학교의 발간 자료를 기반으로 내가 작성해 본 글이다.

> ## 음악 루틴 : 운동의 효과를 극대화하고 싶을 때
>
> '2+1=3'의 법칙을 따르자. 두 세트는 음악을 들으며 운동하고, 세 번째 세트는 음악 없이 운동하는 것이다. 그렇게 중간에 한 번씩 끊어주면 효과가 반감하는 사태를 방지할 수 있다.
>
> 내가 들을 곡들을 직접 고르자. 인터넷에 수두룩한 운동할 때 들으면 좋은 플레이리스트 또한 동기 부여에 충분히 도움이 된다. 하지만 내가 좋아하는 노래를 모아 플레이리스트를 직접 만들면 효과는 당연히 극대화된다.
>
> 처음부터 템포가 너무 빠른 곡을 듣는 것은 좋지 않다. 그러면 스트레스 지수가 높아지고 의욕이 꺾일 위험이 크다. 운동 종류별로 적당한 템포는 다음과 같다.
>
> - 처음 달리기를 시작하는 이들에게는 110~130bpm 정도의 곡이 적당하다.
> - 속도가 좀 늘었다 싶으면 템포를 130~160bpm으로 끌어올려도 된다.
> - 180bpm보다 빠른 곡은 '도주용'이다.
> - 이른 아침, 크루아상을 사러 갈 때에는 60bpm만으로도 충분하다.

운동의 효과를 극대화하는 음악 장비

운동하며 음악을 들을 때 이어폰을 되도록 쓰지 않는 것이 좋다. 애플이나 삼성 등 이어폰 생산업체들은 물론 나와 매우 상반된 의견일 것이다. 독일의 프라이부르크대학교 이비인후과 과장인 롤란트 라스치히Roland Laszig 교수는 이어폰을 쓰면 자신도 모르게 자꾸만 볼륨을 높이게 된다고 경고한다. 다행히 스마트폰을 비롯한 각종 음악 재생 기기에는 경고 기능이 있다. 일정 데시벨 이상으로 볼륨을 높이면 경고 메시지가 뜬다. 그 경고를 우습게 여겨서는 안 된다. 되풀이해서 무시하고 지나치다가는 귀에 심각한 손상이 올 수 있다.

노이즈 캔슬링 기능이 있는 이어폰을 사용하는 것도 한 가지 방법이다. 주변 소음을 차단해 주니 필요 이상으로 볼륨을 높이지 않아도 되기 때문인데, 그렇다고 외부 소음을 완벽하게 차단하는 게 무조건 좋기만 한 것은 아니다. 예컨대 조깅할 때 외부 소음이 안전사고를 예방해 주기도 하기 때문이다.

헤드폰은 멋진 장비다. 나는 밴드와 케이블이 있는, 예전의 헤드폰을 특히 더 좋아한다. 스포츠용 헤드밴드를 이마에 두르고 허리띠에는 워크맨을 차고 다니던 시절이 그립기 짝이 없다! 소니는 1979년 7월 1일 워크맨이라는 공전의 인기 상품을 출시했다. 당시 가격이 125달러였다. 결코 저렴하지 않았지만, 모두 그

물건을 갖지 못해 아우성쳤다. 아무리 제품을 많이 생산해도 수요를 따라가지 못할 지경이었다. 그때 이후 워크맨은 총 3억 3천 500만 대가 팔렸다고 한다. 1980년대 워크맨은 길거리의 풍경 그 자체였다. 영화 속 누군가가 워크맨을 들으며 운동하는 장면이 등장하면 그 모습이 그렇게 섹시할 수가 없었다.

21세기가 문을 열면서 가볍고 아담하고 폼 나는 MP3 플레이어가 승리의 행진을 거듭했다. 지금은 스마트폰이 MP3를 걷어차고 그 자리를 대신하고 있다. 그러나 스마트폰도 스마트워치에 서서히 밀려나는 중이다.

운동하기 싫을 때 들으면 좋은 음악

어떤 음악을 들어야 운동하고 싶은 마음이 생길지 늘 궁금했다. '운동하고 싶은 의욕 북돋우기'는 그 자체로 한 갈래의 학문이라 할 만큼 복잡하고 심오하다. 여태 풀리지 않은 의문 중 하나는 2006년 월드컵 당시 독일 감독 위르겐 클린스만Jürgen Klinsmann이 그자비에 나이두Xavier Naidoo의 〈디저 벡Dieser Weg〉으로 대표팀을 4강까지 이끌었다는 풍문이 진짜인지 아닌지다. 당시 대표팀은 라커 룸에서 '이 길'이라는 뜻의 제목을 지닌 나이두의 소프트 팝을 들으며 전의를 다졌다고 한다. 다양한 출처에서 얻은 정보에 따르면 2005년까지 대표팀이 출전에 앞서 들은 노래는 반 헤일런Van Halen의 불멸의 히트송 〈점프Jump〉였다고 한다. 그런데 그 노래는 골키퍼에게만 동기를 부여하지 않았을까?

가장 많은 이들에게 운동 욕구를 심어준 노래는 〈록키 3〉의 주제곡 〈아이 오브 더 타이거Eye of the tiger〉였다고 한다. 고개가 절로 끄덕여지는 대목이다. 영화 주제곡 중에는 각종 난관을 헤치고 결국에는 성공하는 주인공을 떠올리게 만드는 곡들이 많은데, 〈아이 오브 더 타이거〉가 대표적이다. 그런 노래를 들을 때면 그 사람이 해낸 일을 나도 해낼 수 있을 것 같은 자신감이 차오른다. 뭐, 상상 속에서 불가능한 일은 없다…. 꿈이 현실이 된다는 그림을 눈앞에 떠올리지 못하면 원대한 목표를 세울 수조차 없다. 음악은 원대한 꿈과 야심을 그려낼 수 있는 창의력과 감성을 심어 준다.

지금 내 휴대폰에는 실제로 '스포츠 동기 부여'라는 제목의 플레이리스트가 저장되어 있다. 누군가에게는 운동 욕구를 싹 사라지게 만드는 노래들만 모아놓은 셈일지 모르지만, 나는 이 플레이리스트의 노래를 들으면 몸을 움직이고 싶은 마음이 든다. 원래는 데스티니스 차일드Destiny's Child의 〈루즈 마이 브리스Lose my breath〉나 지미 클리프Jimmy Cliff의 〈유 캔 겟 잇 이프 유 리얼리 원트You can get it if you really want〉 같은 노래들이 담겨 있어야 하겠지만, 나는 사뭇 다른 곡들로 내 '운동용 플레이리스트'를 채웠다. 혹시 관심 있는 분들을 위해 몇 곡만 소개하자면 다음과 같다.

프린스, 〈기타Guitar〉

블록 파티, 〈헬리콥터Helicopter〉

알레한드로 산스, 〈노 에스 로 미스모No es lo mismo〉

더 쿡스, 〈나이브Naive〉

타워 오브 파워, 〈소울 위드 어 캐피털'에스'Soul with a capital 'S'〉

더울 때 들으면 시원해지는 음악

운동 욕구는 체온에 민감하다. 여름에는 너무 더워서, 겨울에는 너무 추워서 꼼짝도 하기 싫을 때가 한두 번이 아니다. 혹시 음악으로 체감 온도를 조절할 수 있을까? 이름도 거창한 정신생리학 전문가들은 둘 사이에 관련이 있다고 주장한다. 물론 개인의 체질이나 바이오리듬, 음악적 취향에 따라 그 연관 관계도 조금씩 달라진다.

특정 음색이 시원한 느낌을 주는 것은 사실이다. 맑고 또렷한 전자 피아노 소리를 들으면 시원해지는 느낌이 든다. 각 소절마다 그림이 연상되는 게오르크 프리드리히 헨델Georg Friedrich Händel의 〈수상음악Water Music〉도 그런 곡이다. 바닐라 아이스Vanilla Ice의 〈아이스, 아이스, 베이비Ice, ice, baby〉는 가수 이름부터 청량하다.

이 노래를 들을 때 우리 뇌는 멜로디와 가사에 반응하며 얼음을 떠올리고, 얼음이라는 신호를 몸 곳곳으로 전달한다. 노래가 마치 실제로 얼음을 만지고 있는 듯한 착각을 일으키는 것이다.

하지만 후텁지근하고 무더운 여름날 이 노래를 연달아 들으면 역효과가 날 수도 있다. 뇌의 연상 작용이 오히려 더위를 향해 움직여 그 생각이 결과적으로는 몸에 전이되는 것이다. 체감 온도도 당연히 상승한다. 처음에는 시원하다고 느꼈을 수 있지만 감각이 갑자기 유턴해서 참을 수 없이 푹푹 찐다는 쪽으로 향한다. 샤워할 때나 온탕에 들어갈 때는 그 반대의 현상이 일어난다. '앗, 뜨거워!'라는 최초의 느낌이 시간이 지날수록 '어흐, 시원하다!'로 바뀌는 것이다.

상쾌한 노래로 한여름 무더위를 물리치고 싶다면 지나치게 빠르지 않은 노래, 불쾌한 날씨를 조금이라도 잊게 만드는 노래를 들어보자. 분당 130bpm이 넘는 음악은 순환계를 자극하기 때문에 더운 날에는 피하는 게 좋다. 오히려 더위를 더 타게 할 공산이 크다. 개인적으로는 부에나 비스타 소셜 클럽Buena Vista Social Club과 밥 말리Bob Marley의 노래들을 추천한다.

추울 때 들으면 따뜻해지는 음악

거꾸로 음악으로 체감 온도를 높일 수도 있을까? 소스테누토

sostenuto나 테누토tenuto로 이어지는 바이올린 솔로 연주나 팝 발라드를 들으며 "정말 가슴이 따뜻해지는 곡이야"라는 독백을 다들 한두 번쯤은 내뱉지 않았을까? 음악과 온도의 상관관계는 낯설이 아니다. 토론토대학교 연구진은 실험 참가자들에게 세상에 홀로 버려졌다는 느낌이 들었을 때를 떠올려보라고 한 뒤, 실내 온도를 알아맞히도록 했다. 이들은 긍정적 기억을 떠올린 대조군보다 실내 온도를 2도쯤 낮게 추측했다. 이에 반해 따스한 음악과 교감할 때 우리는 갓난아기 시절의 엄마 품속으로 돌아가 그 안에서 포근함과 따스함을 느낀다.

감성을 건드리는 음악은 심금을 울릴 뿐 아니라 실제로 체온 변화에도 영향을 미친다. 소름이 끼칠 정도로 감동을 받은 경험이 있다면 내 말이 무슨 뜻인지 알 것이다. 피부 표면의 잔털들이 빳빳이 고개를 드는 순간, 모공이 닫히면서 공기가 빠져나오지 못하고 체온이 상승한다. 겨울이 오면 아델의 발라드를 듣자. 난방비도 줄이고, 기후 위기 예방에도 기여할 수 있다!

음악으로 작심삼일 극복하기

운동을 비롯해 삶의 매 순간 우리는 여러 결심을 한다. 피크 타임은 한 해가 저물고 새해가 밝을 때쯤이다. 매년 1월 1일이 되면 전체 독일인 중 절반이 이런저런 목표를 세운다. 각종 통계를 공개하는 데이터 전문 포털 스타티스타Statista에 따르면 '2021 새해 결심' 목록에서 '건강한 식습관 들이기'(52%), '운동 더 열심히 하기'(47%), '살 빼기'(38%)가 톱3를 장식했다고 한다. 'SNS 줄이기'(13%), '완전 또는 부분 채식'(5%), '모름'(3%)이 그 뒤를 이었다.

각종 설문조사에 따르면 많은 이들이 1월 셋째 주부터 새해 결심을 포기한다고 한다. 구체적인 날짜는 1월 17일이다. 안타까운 현실이다. 새해 결심을 포기하는 가장 큰 이유는 너무 큰 목표를 세웠기 때문이다. 페터 폭스Peter Fox의 히트송 〈알레스 노이Alles neu〉의 가사처럼 모든 걸 한꺼번에 뒤엎으려다가 금세 지쳐 버리는 것이다.

하루아침에 오랜 습관을 버리거나 새로운 습관을 들이겠다고 결심할 수는 있다. 그만큼 결연하다는 표시이기도 하다. 하지만 지나치게 야심 찬 계획은 시간이 지나면 결국 수포로 돌아간다. 늘 달고 살던 나쁜 습관을 버리기가 그렇게 만만한 일이 아니다. 심리학자들은 생활 패턴이나 습관을 바꾸고 싶다면 단계적으로 접근하라고 충고한다.

음악계에도 심리학자와 의견을 같이하는 이들이 있었다. 한동안 세계적으로 선풍적인 인기를 누렸던 뉴 키즈 온 더 블록의 싱글 앨범 〈스텝 바이 스텝Step by step〉은 무려 650만 장이 팔렸고, 휘트니 휴스턴Whitney Houston이 부른 동명의 노래도 큰 성공을 거두었다. 휴스턴은 심지어 "비트 바이 비트bit by bit"라는 가사를 추가하며 느림의 미덕과 필요성을 더 구체적으로 강조했다.

모든 결심은 감정과 밀접하게 연결되어 있다. 우리가 세운 목표에는 오늘보다는 나은 내일에 대한 희망이 담겨 있다. 음악은 목표와 희망을 자연스럽게 연결하는 고리다. 코로나 바이러스로 혹독한 봉쇄 조치가 지속되던 무렵, 폴 매카트니가 직접 쓴 곡들을 모아 솔로 앨범을 냈다. 기타, 베이스, 타악기, 피아노, 쳄발로 등 모든 악기도 직접 연주했다! 그중 한 곡의 제목이 〈시즈 더 데이Seize the day〉다. '지금 이 순간을 즐기라'는 뜻이다. 모든 걸 다 가져본 78세의 남자, 가보지 않은 곳이 없고 체험하지 않은 게 없는 매카트니가 팬데믹으로 고립의 고통을 겪고 있는 이들에게 "카르페 디엠Carpe diem"을 외쳤고, 많은 이들이 크게 감동했다.

락다운 때문에 청중 앞에서의 라이브 공연이 전면 금지되어 있던 때였다. 연극 무대와 영화관도 문을 닫았고, 언제 다시 열릴지 누구도 장담할 수 없었다. 그런 의미에서 나는 매카트니의 노래를 내 전화기 속 '결심' 플레이리스트에 추가했다. "그런다고 달라질 것 같아? 벽에다 '카르페 디엠'이라 적힌 레터링 스티커를 붙여둔다고 대체 뭐가 달라지겠어?"라고 반박하는 독자들도 있겠지만, 이 경우는 조금 다르다. 그 노래가 탄생한 배경, 혹은 노래 자체가 동기를 부여해 줄 게 틀림없다.

음악 루틴 : 이번만큼은 계획을 지키고 싶을 때

새해든 평범한 날이든 결심을 밀어붙일 때 음악은 좋은 동반자가 되어준다. 구체적인 음악 활용법에 대해 한 가지 충고하자면 다음과 같다. 일단 종이 한 장을 꺼낸다. 기왕이면 백지를 책상 위에 올려둔 뒤 다음 질문들에 대한 답변을 적어보자.

무엇을 바꾸고 싶은가?
그 변화가 초래할 결과는 무엇인가?
그 결과를 감당하거나 유지할 능력이 있는가?

첫 번째 줄에는 목표나 결심이 들어간다. 두 번째 줄은 좋은 미래에 대한 희망으로 채워질 것이다. 마지막 줄에 그렇다, 혹은 아니다라고 답변을 쓴 후 구체적으로 실천할 수 있는 계획을 써보자.

다음은 선곡의 시간이다. 방금 내가 한 결심과 어울릴 법한 노래들을 골라보자. 종이에 노래 제목을 써두기만 해도 좋고, 내친김에 스마트폰에 플레이리스트를 새로 만들어도 괜찮다. 〈스텝 바이 스텝〉이 빠지지만 않는다면 어떤 리스트를 작성해도 좋다. 뉴 키즈 온 더 블록 버전과 휘트니 휴스턴 버전 중 어떤 걸 선택해도 된다. 둘 다 리스트에 포함시키는 것도 좋은 방법이다!

IV

음악을 이용하는 자가 성공한다

음악이 답이 되는 순간

사회 :
대선 때마다 들리는
선거송의 비밀

> 난 음악에 대해 아무것도 모른다.
> 내 분야에선 그럴 필요가 없다.
> - 엘비스 프레슬리 Elvis Presley(1935~1977)

스파이스 걸스Spice Girls가 없으면 앙겔라 메르켈도 없다. 신문 기사로 보도되기도 한 스파이스 걸스와 앙겔라 메르켈의 상관관계는 얼핏 보면 너무나 어색한 조합 같지만, 알고 보면 이상할 게 하나도 없다.

이번 장에서는 정치와 사회를 음악과 결합해서 고찰해 보려 한다. 우리가 살아가는 사회에서 음악은 중요한 매개체인 동시에 평화를 무너뜨리는 훼방꾼이기도 하다. 중대 이슈를 향해 빛을 비추는 조명인 동시에 수많은 사회적 변화를 이끌어 낸 주역이다. 이를테면 '장애인들을 위한 음악'이라는 이슈가 대두된 건 개인적으로 정말 다행이라고 생각한다. 그 부분에 대해서도 다뤄보자.

음악으로 하는 정치 활동

음악이 지닌 정치적 위력은 엄청나다. 음악에는 사람의 마음을 움직일 수 있는 힘이 있기 때문이다. 유력 정치가들이 음악을 이용해 국민을 감정적으로 휘두를 때도 많다. 그 결과는 여론조사에도 나타난다. 요즘은 특정 정치인에 대한 선호도를 묻는 여론 조사 결과가 거의 매주 신문을 장식한다. 적어도 지금 막 통과된 법안의 선호도를 묻는 조사보다는 정치인에 대한 선호도를 알아내려는 조사가 더 많은 건 사실이다. 그렇다면 정치인들은 어떤 음악으로 유권자의 마음을 사로잡을까? 음악은 얼마나 큰 영향력을 지니고 있을까? 고대 그리스 철학자 플라톤도 음악의 폭발적 위력에 대해서는 충분히 알고 있었던 듯하다.

전체 시스템을 망가뜨릴 위험이 있으니 새로운 종류의 음악을 도입하려는 시도는 자제하는 것이 좋다. 한 국가의 기반이라 할 수 있는 중대 법률을 뒤흔들지 않고 음악적 방식을 뒤흔들 수 있는 방법은 없다.

실제로 국가의 수반이나 권력자가 특정 노래를 허락할지 말지를 두고 고심한 사례가 적지 않다.

소련에서는 비틀즈가 금지 가수였다. 청소년을 선동해 나쁜 영향을 미칠 수 있다는 이유 때문이었다. 산부인과 의사의 충고보다는 비틀즈가 청소년에게 더 유익하다고 생각하는 이들이 더 많은 지금 듣기에는 헛웃음이 나오는 말이지만, 그땐 그랬다.

비틀즈의 앨범 《렛 잇 비Let it be》 중 〈겟 백Get back〉은 약간 선동적이었던 것 같긴 하다. 베이스 사운드가 선동적이다가 다시 소극적으로, 뒤로 숨는 듯한 느낌이었다. '아직은 때가 아니지만, 이제 곧 뭔가 큰 변혁이 일어날 거야'라고 예고한다는 생각이 들었고, 실제로 그 노래에 빠져서 숙제를 못 끝낸 적이 최소한 한 번은 있었던 것 같다.

음악이 정치적 색채를 띨 수도 있다는 말을 들으면 대부분 가사부터 들여다볼 것이다. 하지만 가사에서 직접적으로 정치적 메시지를 찾을 수 있는 노래는 그다지 많지 않다. 사실 음악을 들을 때 멜로디만 즐기는 이들도 많다. 어릴 적 비틀즈의 〈겟 백〉을 그토록 많이 들었지만, 영어로 된 가사라 단 한 줄도 이해하지 못했다.

음악이 지니는 선동적인 힘은 가사보다는 곡의 전반적인 분위기와 사운드 디자인에 숨어 있다. 1969년 지미 헨드릭스는 베트남 전쟁이 한창이던 때 우드스톡 무대에 올랐다. 그는 일렉트릭 기타로 미국 국가를 연주했다. 올바른 음정이 아니었다. 일부러 음정을 비틀고, 헝클고, 심지어 망가뜨렸다. 폭격 때의 굉음을 연상시키는 사운드 효과도 더했다. 이 연주를 본 어느 비평가는

"무언의 정치적 연설"이라고 평했고, 팬들도 여기에 전적으로 동의했다.

지미 헨드릭스는 기타 연주만으로 전쟁에 반대하고 평화를 원한다는 메시지를 전파했다. 그런데 정작 그는 자신의 퍼포먼스가 정치와는 큰 연관이 없다고 말했다. 훗날 어느 인터뷰에서 그는 별생각 없이 미국 국가를 연주했으며, 학창 시절부터 알던 노래라 한 번 연주해 봤을 뿐이라고, 다들 아는 노래니까 연주해도 되겠다 생각했다고 털어놓았다.

지미 헨드릭스의 고백이 사실일 수도 있다. 그렇다면 이 경우는 연주자에게 정치적 메시지를 전달하고자 하는 의도가 딱히 없었는데도 감상하는 이들이 정치적 함의를 끌어낸 대표적인 사례라 할 수 있다.

1971년에는 존 레넌의 〈이매진Imagine〉이 급부상했다. 〈이매진〉은 평화를 촉구하고 베트남 전쟁을 비판하며 무기를 앞세운 폭력적 갈등을 비판하는 각국의 목소리를 하나로 연결해 주었다. 존 레넌도 이와 같은 의도를 부인하지 않았다.

그런데 지미 헨드릭스의 미국 국가 연주가 꽤 '파괴적'인 해석이었던 것과는 대조적으로 존 레넌의 〈이매진〉은 고요하기 짝이 없다. 이 노래에는 어떠한 파괴적 사운드도, 화음도 등장하지 않는다. 인트로 부분에서는 C와 Dm 코드가 번갈아 가며 나온다. 중간에 반음들이 스치듯 살짝 등장하기는 하지만 조용하고 평화로운 멜로디를 찌그러뜨릴 정도는 아니다. 〈이매진〉은 피아노로 연주하기에 아주 좋은 곡, 편안하게 칠 수 있는 곡, 그러면서도 재미있는 곡이다.

지미 헨드릭스가 연주한 미국 국가와 존 레넌이 쓴 〈이매진〉은 스타일만 보자면 극과 극을 달린다. 따라서 이 두 곡만 봐도 정치적 메시지를 담은 노래의 스펙트럼이 얼마나 광범위한지 짐작할 수 있다. 가사가 있는 노래일 수도 있고 악기로만 연주한 곡일 수도 있다. 아티스트가 의도적으로 정치적 의도를 담을 수도 있고, 어쩌다 보니 정치적인 방향으로 흘러갔을 수도 있다. 가사나 멜로디를 고요히 음미해야 하는 곡일 수도 있고, 거칠고 전투적인 곡일 수도 있다.

어떤 노래가 정치적이냐 아니냐를 결정하는 것은 결국 청중의 몫이다. 대중이 어떻게 해석하고 받아들이느냐에 따라 노래의 성격이 달라진다. 정치적 메시지를 띤 노래를 싫어하는 이들도 있다. 9·11 테러 직후, 사건이 발생하고 약 4주가 지났을 무렵부터 전운이 감돌았다. 미국과 영국은 아프가니스탄의 탈레반 정권에 선전 포고를 했고, 미국은 라디오 방송 편성도 바꿔버렸다. 당시 1천 200개의 라디오 방송국을 보유하고 있던 클리어 채널 커뮤니케이션스Clear Channel Communications는 산하 방송국에 선곡 리스트에서 몇몇 곡을 빼라는 지시를 하달했다. 현재 아이하트미디어iHeartMedia로 이름을 바꾼 해당 업체는 정확히 156곡에 '금지

곡' 딱지를 붙였다. 그중 한 곡이 〈이매진〉이었다. 정확한 이유는 알 수 없지만, 아마도 다음 가사 때문이 아니었을까?

> 모든 사람들이
> 평화롭게 살아가는 것을 상상해 봐요
> 국가들이 없다고 상상해 봐요
> 어렵지 않아요
> 죽일 필요도, 죽을 필요도
> 종교도 없다고 상상해 봐요

이 가사가 방송국 내 '윗선'들이 보기에 불편할 수 있었을 듯하다. 조지 W. 부시 전 미국 대통령이 9·11 테러가 있고 약 일주일이 지날 무렵, "십자군 원정"이라는 표현을 언급한 터였다. 테러 행위에 대한 보복전을 일종의 종교 전쟁에 비유한 말이었다. 존 레넌이 상상해 보라고 한 세상과 정확히 배치되기에, 〈이매진〉은 이른바 '블랙 리스트' 목록에 오를 수밖에 없는 운명이었다. 문제는 그때부터 이 노래를 틀어달라는 청취자들의 신청이 쇄도했다는 것이다. 하지만 라디오 방송국들은 그 후로도 몇 주 동안 〈이매진〉을 틀지 않았다.

아프가니스탄과 이라크 전쟁에 대한 반발심 때문인지는 모르겠지만, 그간 정치적 메시지를 담은 노래가 무수히 쏟아졌다. 개중에는 차트 상위권을 석권한 노래도 몇몇 있다. 미국의 팝 디바 핑크P!nk는 기타 반주에 싱어송라이터를 연상케 하는 부드러운 창법으로 〈디어 미스터 프레지던트Dear Mr. President〉라는 발라드를 불러 좋은 성적을 기록했고, 그린 데이는 〈아메리칸 이디엇American idiot〉으로 언제나처럼 빌보드 정상에 올랐다. 참고로 〈아메리칸 이디엇〉은 〈이매진〉과 비슷한 이유로 훗날 다시 한번 세간의 관심을 끈다. 팬들이 해당 곡을 온라인에서도 구매할 수 있도록 업로드해 달라고, 그 곡을 반드시 영국 록/메탈 차트 1위에 올려놓아야 직성이 풀리겠다고 아우성을 친 것이다. 꿈은 현실이 되었다. 해당 곡을 발표한 지 무려 14년이 지난 2018년, 〈아메리칸 이디엇〉은 다시금 모두의 입에 올랐다. 도널드 트럼프 전 미국 대통령의 영국 방문이 임박한 바로 그 시점에 모두가 이 노래를 흥얼거린 것이다.

여기서 말하는 '정치적' 노래에는 주변에서 흔히 들을 수 있는 사회적 이슈 모두가 포함된다. 빈곤이나 기아 문제와 관련해 음악 역사상 가장 유명했던 노래는 아마 프로젝트 밴드 USA 포 아프리카USA for Africa가 부른 〈위 아 더 월드We are the world〉일 것이다. 가슴 아프지만 지금도 근절하지 못하고 있는 인종 차별주의에 반대했던 노래도 많다. 빌리 홀리데이Billie Holiday는 1939년에 이미 〈스트레인지 프루트Strange fruit〉라는 노래로 인종 차별에 저항했다.

최근에는 LGBTIQ(레즈비언, 게이, 바이섹슈얼, 트랜스젠더, 인터섹슈

얼, 퀴어), 즉 성 소수자 문제를 다룬 노래도 관심을 끌고 있다. 해당 분야에서 세계적으로 히트한 대표적인 곡으로는 레이디 가가Lady Gaga의 〈본 디스 웨이Born this way〉를 꼽을 수 있다. "날 때부터 이렇게 태어났고, 다른 선택의 여지가 없다"라는 사실을 호소하는 곡이다.

음악계가 '뜨거운 감자'에 손을 대는 건 고무적이다. 언제까지 사랑 타령만 하고 있을 수는 없다. 음악은 사회적 이슈에 대해서도 이야기해야 한다.

선거송의 비밀

정치를 비판하는 노래도 있지만 정치가들이 기꺼이 활용하고자 하는 노래도 있다. 그런데 그 양상이 조금 괴이하다. 권력자, 혹은 권력을 쥐고 싶어 하는 이들이 자기 노래를 쓰는 것을 반대하는 팝 스타와 록 스타들이 너무 많다. 선거 관련 행사에 자기 노래를 쓰지 말라는 것이다.

도널드 트럼프의 경우, 아델, 루치아노 파바로티, 빌리지 피플 등 스무 명이 넘는 월드 스타들이 자신의 노래를 사용하는 것에 반대했다. 그래봤자 큰 소용은 없다. 빌리지 피플이 실제로 누군가가 저작권을 위반했다는 혐의로 고소나 고발을 하지 않는 이상 아무 일도 벌어지지 않는다. 빌리지 피플의 메가 히트송

〈YMCA〉만 해도 저작권과 상관없이 함부로 쓰는 사람이 얼마나 많은지 떠올려보라.

2020년 드디어 예술가 권리 협회Artist Rights Alliance라는 이름 아래 아티스트들이 자신의 권리를 주장하기 위해 뭉쳤다. 회원들은 정치계에서 노래를 활용할 경우 먼저 해당 아티스트의 동의를 얻어야 한다고 주장했다. 셰릴 크로Sheryl Crow, 에어로스미스Aerosmith의 멤버 스티븐 타일러Steven Tyler, R.E.M의 멤버 마이클 스타이프Michael Stipe, 롤링 스톤스의 믹 재거Mick Jagger 등이 서명에 참가했다. 트럼프 캠프가 롤링 스톤스의 〈유 캔트 올웨이스 겟 왓 유 원트You can't always get what you want〉를 동네방네 틀고 다니던 참이었다. 역설적인 코미디라 생각하며 웃고 넘어갈 수도 있는 상황이었지만, 롤링 스톤스는 진지했다. 소송도 불사하겠다며 두 주먹을 불끈 쥐고 나선 것이다.

롤링 스톤스는 자신들의 작품을 정치적인 목적으로 활용하는 것을 두고 보지도, 거기에 놀아나지도 않겠다는 의사를 뚜렷이 표명했다. 또 다른 예로 2005년에는 독일 기민당 후보였던 앙겔라 메르켈이 〈앤지Angie〉를 대대적으로 틀고 다녀 분노하기도 했다. 이외에도 정치가들이 유명인의 히트송을 함부로 활용해 아티스트가 분노한 적이 한두 번이 아니다.

조금 다른 이야기일 수도 있지만, 자의식이 과도한 남성 정치가들이 고를 수 있는 노래는 하나밖에 없다. 바로 프랭크 시나트라의 〈마이 웨이My Way〉다. 독일의 전 총리 게르하르트 슈뢰더Gerhard Schröder는 퇴임식 때 피날레 곡으로 시나트라의 노래를 연주해 주길 원했고, 트럼프 역시 마지막으로 탄 전용기가 상륙할 때 이 노래를 틀어달라고 신청했다. 〈마이 웨이〉는 '무결성無缺性에 바치는 송가頌歌'다. 트럼프의 경우는 선곡이 꽤 탁월했다고 본다. 시간의 유한성을 노래한 가사였으니까. 다시 말해 가야 할 때가 언제인지 알고 떠난다는 내용의 노래를 골랐으니 말이다.

음악과 페미니즘

앙겔라 메르켈이 총리에 당선되는 데 스파이스 걸스가 한몫했다는 풍문이 여기저기 떠돌고 있는 것은 사실이다. 멜라니 C로 더 잘 알려진 스파이스 걸스의 멤버 멜라니 치점Melanie Chisholm이 2020년 9월 《디 차이트》와 나눈 대화를 보자. "메르켈 총리가 스파이스 걸스가 늘 주장해 온 '걸 파워'의 정점을 찍었다고 보시나요?"라는 기자의 질문에 멜라니 C는 "당연하죠! 저는 기본적으로 권력과 관련한 직종에서 여성의 능력이 남성보다 뛰어나다고 생각해요"라고 답했다. 스파이스 걸스는 지금까지 850만 장 이상의 앨범 판매고를 올렸고, 데뷔 싱글 〈워너비Wannabe〉는 30개가 넘는 나라에서 1위를 기록하며 사상 최대의 성공을 거두었다. '그래봤자 걸 그룹일 뿐이잖아? 걸 그룹 하나가 무슨 정치적 영향력을 발휘한다는 거야?'라며 의혹을 제기하는 이들이 있을 수 있지만, 그게 그렇지 않다.

자, 지금부터 잘 듣기 바란다. 스파이스 걸스는 1994년에 결성한 밴드다. 1994년은 뉴 키즈 온 더 블록, 테이크 댓, 백스트리트 보이즈 같은 보이 밴드들의 전성시대였다. 부부 사이에는 강간죄가 성립하지도 않던 시절이었다(독일에서 부부 강간죄는 1997년에 제정되었다). 메르켈의 소속당인 기민당이 해당 법안의 통과를 수년째 막아왔기 때문에 그렇게 늦어진 것이었다. 해당 법안 통과를 투표에 부쳤을 때도 기민·기사당과 자민당 소속 의원으로 추정되는 의원 138명이 반대표를 던졌다. 그런 시절에 다섯 명으로 구성된 여성 밴드가 등장한 것이다.

여성은 일상 속에서, 혹은 정치 분야에서 늘 '인정 투쟁'을 해야 했다. 음악계도 별반 다르지 않았다. 그런 와중에 사회적으로 결코 무시할 수 없는 영향력을 발휘했다는 게 신기할 정도다.

여성 클래식 음악가

음악은 늘 남성의 독무대였다. 지난 몇 세기 동안 여성의 역할은 정해져 있었다. 여성의 무대는 집과 주방, 교회였다. 집에서 아이를 키우고, 주방에서 요리를 하고, 교회에 가서 기도하는 게 전부였다. '좀 산다' 하는 집안의 여성에게는 어쩌다가 피아노 앞에 앉아 살롱 파티를 장식하는 부속품으로 활동할 기회가 주어졌다. 베토벤도 부유층 '레이디'들에게 피아노를 가르치며 수입의 일부를 충당했다. 클래식 아티스트이자 음악 관련 책을 저술하는 독일 출신의 작가 소피아 모트Sophia Mott가 『베토벤의 여인들Beethoven und die Frauen』에도 썼듯, 어쩌면 베토벤은 그 '마담'들에게 피아노 레슨을 할 때 감히 자신의 손가락으로 건반을 두드리지 못했을 수도 있다.

여성이 곡을 쓴 경우는 더 드물다. 여성 작곡가에 대한 시선이 곱지 않던 시절이었다. 앞서 소개한 멘델스존의 누나 파니 헨젤의 경우가 그랬다. 멘델스존 집안은 딸이 작곡가로 활동하는 것을 탐탁지 않아 했고, 그러거나 말거나 파니 헨젤은 곡을 써 내려갔다.

자, 이쯤에서 솔직히 되돌아 보자. '클래식' 하면 어떠한 작곡가가 떠오르는가? 아마도 바흐, 베토벤, 브람스, 쇼팽, 체르니, 헨델, 하이든, 말러, 모차르트, 라벨, 로시니, 슈트라우스, 베르디, 비발디, 바그너 정도가 아닐까? 그런데 대부분이 남성인 유명 음악가들의 이름을 꼽다 보면 빠지지 않고 등장하는 여성 음악가가 하나 있다. 바로 클라라 슈만Clara Schumann이다.

클라라 슈만은 다섯 살 때 피아노 레슨을 받기 시작했고, 아홉 살 때는 라이프치히의 콘서트홀 게반트하우스Gewandhaus 무대에 섰다. 1838년에는 오스트리아 빈에서 슈퍼스타로 등극했다. 이후 '황제와 국왕을 위한 비르투오소 챔버', '천재 소녀' 같은 별명이 연이어 쏟아졌다. 더 나아가 그는 런던 콘서트장에서도 화려한 실력을 과시했다.

이제는 사라지긴 했지만, 클라라 슈만은 독일의 100마르크 지폐에도 얼굴을 새겼을 정도로 중요한 인물이다. 그는 자기보다 더 유명했던 남편 로베르트 슈만Robert Schumann보다 더 많은 돈을 벌었다. 그 집의 부양자는 남편 로베르트가 아니라 아내 클라라였다.

예전에는 음악 교육의 주체가 남성에게 집중되어 있었다. 음악 교사나 교수들 대부분이 남성들이었다. 그런데 19세기에 누가 봐도 눈에 띄는 예외적인 케이스가 하나 있었다. 루이즈 파렝Louise Farrenc은 1842년부터 프랑스 파리 음악원에서 후학을 양성하기 시작했다. 실내악과 오케스트라를 위한 곡도 썼다. 그러던 어느 날, 파렝은 남성 동료들의 월급이 자기보다 훨씬 더 높다는 사실을 알게 되었다. 그러려니 하며 넘어갈 파렝이 아니었다. 파렝은 동등한 대우를 해달라며 투쟁했다. 1850년, 고용된 지 8년 만에 파렝은 자신의 요구를 관철했다. 그로부터 170여 년이 지난 지금, 성별에 따른 연봉 차별은 없어졌을까? 아직도 가야 할 길은 먼 듯하다….

여성 뮤지션

팝의 발달은 늘 기술 혁신과 맞물려 있었다. 그런데 그 기술이라는 것 역시 초기에는 남성에게만 초점을 맞추고 있었다. 세기의 성악가 엔리코 카루소Enrico Caruso가 LP 시장에서 그만큼 큰 성공을 거둘 수 있었던 것도 알고 보면 녹음 기술 덕분이었다고 해도 과언이 아니다. 20세기 초반의 녹음 기술은 남성의 주파수, 남성의 목소리를 실제보다 더 빛나게 만들 수 있는 쪽에 집중되어 있었다. 그러다가 1920년대로 넘어오면서 이른바 '크루닝crooning'이라는 새로운 창법이 등장했다. 크루닝은 가수가 마이크에 아주 가까이 다가가 마치 청취자의 귀에 대고 속삭이는 것처럼 노래를 부르는, 섹시하게 들릴 수 있는 목소리를 내는 창법이다. 빙 크로즈비Bing Crosby나 프랭크 시나트라의 창법이 바로 크루닝이다. 이어지는 1930년대에도 음악계는 여전히 남성 지배적인 지형이었고, 음반 제작자나 작곡가 등도 남성 일색이었다. 물론 세계적인 히트송을 만드는 데 기여한 여성이 아예 없지는 않았다. 하지만 그런 이야기는 음악사의 뒤안길로 사라져버렸다. 그 사이 남성 뮤지션들은 승승장구를 거듭했다.

최근 몇십 년 새 팝계에서는 여성 슈퍼스타의 비율이 예전보다 확연히 높아졌다. '뒤에서' 활동하는 여성의 비율도 높아졌고, 세계적으로 히트한 앨범을 만들어내는 여성도 많아졌다. 오스트리아 출신의 싱어송라이터 시아Sia가 대표적이다. 요즘은 더빙도 하고 영화감독으로도 활동한다고 들었다. 그래도 아직 멀었다. 록 임 파크Rock im Park 같은 음악 축제의 경우, 참가하는 아티스트가 총 250명쯤 되는데 그중 여성 뮤지션의 비중이 5퍼센트도 되지 않는다. 옛날 옛적 얘기가 아니다. 2019년도에 벌어지는 일이다. 이건 좀 반성하고 부끄러워해야 할 수치라고 본다.

페미니즘은 어느새 팝 문화의 일부가 되었다. 두 가지 사례만 들어보겠다. 비욘세가 MTV 뮤직 어워드에 등장했을 때 무대 뒤편의 화면에 '페미니스트'가 거대한 폰트로 나타났고, 카디 비Cardi B는 〈WAP〉을 발표하며 신문을 장식했다('WAP'은 '엉덩이가 촉촉한 계집애Wet Ass Pussy'의 약자다). 카디 비는 이 노래로 남성 일색이었던 힙합계의 '길드'를 뒤집어엎는 동시에 여성의 자주성에 방점을 찍었다.

올덴부르크대학교에서는 지속적으로 업데이트할 수 있는 인터넷 용어 사전을 만들었다. 소피 드링커 학사원sophie drinker institut이라는 이름의 사이트에서 700명이 넘는 18, 19세기 여성 기악 연주자들의 이름을 확인할 수 있다. 이 사이트는 남성 지배적인 클래식 음악사에 조금이라도 충격을 주기 위해 만든 것으로 추정된다.

죽음에 대한 관념

정치적으로나 사회적으로나 죽음은 웬만하면 언급하기 꺼리는 주제 중 하나다. 그냥 외면하고 싶은 것이다. 하지만 삶과 죽음은 본디 한몸이고, 자신의 장례식 때 어떤 음악이 흘러나왔으면 좋겠는지를 고민하는 이들도 많다. 장례업체 연합이 발표한 내용에 따르면 장례식 때 가장 많이 트는 곡 1위는 슈베르트Schubert의 〈아베 마리아Ave Maria〉고 2위는 바흐의 〈G 선상의 아리아Air on G〉라고 한다. 클래식 곡이 장례식이 지니는 무게에 어울린다는 뜻이다.

하지만 '내 장례식에 어떤 노래를 틀까?'는 매우 개인적인 판단이 필요한 질문이다. 앞서도 말했듯, 장례식 곡을 직접 고르고 싶어 하는 이들이 많다. 나는 이게 별나지 않는다고 본다. 장례 음악은 이승과 저승을 이어주는 다리라 해도 과언이 아니고, 고인도 자기가 고른 곡을 통해 사망한 후에 조문객들에게 특별한 메시지를 전달할 수 있기 때문이다.

장례 문화가 아주 개방적인 곳들을 보며 무릎을 탁 친 적이 있다. 거기에는 슬퍼서 우는 사람도 있고, 맘껏 웃는 사람도 있다. 신나는 노래를 부른다 해서 누구 하나 나무라지 않는다. 난 그 문화가 틀렸다고 생각하지 않는다. 내가 음악학자라는 걸 아는 사람들로부터 "넌 네 장례식 때 어떤 음악을 원하니?"라는 질문을 받은 적도 많다.

내 어머니는 어느 날 당신의 장례식 때 〈티어스 인 헤븐〉을 틀어줬으면 좋겠다는 의견을 피력하셨다. 〈티어스 인 헤븐〉은 아주 슬픈 노래다. 멜로디 라인도 슬픈 데다 겨우 네 살쯤 된 아들을 잃은 슬픔을 표현한 노래라는 배경을 알면 더더욱 눈물이 폭포수처럼 쏟아질 수밖에 없는 곡이다.

내 장례식 때는 〈위드 어 리틀 헬프 오브 마이 프렌즈With a little help of my friends〉를 틀어줬으면 좋겠다. 〈스타워즈〉 OST 중 〈다스 베이더의 테마Darth Vader's Theme〉도 나쁘지 않다. 둘 다 틀어도 좋다. 다다익선이다. 만약 내가 이 세상을 하직하기 전까지 비용이 좀 저렴해진다면 우주 장례식을 하고 싶다. 그 장례식 OST로는 프랭크 시나트라 버전의 〈플라이 미 투 더 문Fly me to the moon〉이 적절할 듯하다!

음악에는 한계가 없다

리버풀을 처음 찾았을 때, 어느 기타 연주자가 특별히 나를 사로잡았던 기억이 난다. 신예를 발굴하는 것부터 띄우기까지 모든 작업을 담당하는 기획자라면 누구나 탐낼 듯한 '꿈의 아티스트'였다. 덥수룩한 머리에 평상시에 늘 걸치고 다니는 것으로 보이는 점퍼 차림이었고, 손목에 감은 반다나가 눈에 띄었던 그 기타리스트의 노래는 마음 깊은 곳에서 우러나오는 듯했고, 기타 솔로 파트는 극도로 빠른 템포로 연주했다. 어찌나 강렬하게 연주했는지, 손목에 감겨 있던 반다나가 스르르 풀리는가 싶더니 기타 몸통 너머로 휙 날아갈 정도였다. 바로 그때, 그가 한 손만 쓰고 있다는 사실을 알아차렸다! 그의 왼손은 다섯 손가락 모두가 기타의 넥neck 부분, 좀 더 정확히 말해 프렛보드를 단단히 잡고 있었다. 하지만 오른손은 잘려나가 있었다. 오른 팔목 끝에서 은빛으로 번쩍이는 의수義手가 마치 집게처럼 피크를 꽉 쥐고 있었다. 그는 그렇게 여섯 개의 기타 줄을 자유롭게 퉁기고 있었다.

구글링을 해보았더니 그 뮤지션을 금방 찾을 수 있었다. 그날 내가 본 기타리스트의 이름은 키스 잔더Keith Xander였다. BBC 쓰리BBC Three에서 제작한 다큐멘터리에서 그가 인공손을 부착 혹은 탈착하는 방법도 볼 수 있었다. 당연히 기타를 치는 장면도 나왔다. 다시 봐도 매우 환상적인 연주였다.

키스 잔더는 날 때부터 장애를 안고 있었지만, 사고 때문에 음악적 능력을 후천적으로 상실하는 뮤지션도 많다. 1984년 12월 31일, 릭 앨런Rick Allen이 콜벳을 몰고 국도를 달리다 전복 사고를 일으켰다. 조수석에 앉아 있던 그의 여자친구는 다행히 가벼운 부상만 입었지만, 안전띠를 매지 않았던 릭은 왼팔을 잃고 말았다. 이 사고로 하드 록 밴드 데프 레퍼드Def Leppard는 드러머를 잃을 위기에 처했다. 하지만 멤버들과 가족은 그에게 용기를 잃지 말라며 기운을 북돋아 주었고, 딱 맞는 '맞춤형 드럼'도 제작해 주었다. 다양한 기능 중 일부를 일렉트로닉 시스템으로 전환한 세트 드럼이었다.

그 덕분에 릭 앨런은 바닥에 놓인 수많은 페달을 왼발로 밟으면서 사고 이전까지 자신의 왼팔이 담당했던 부분을 상쇄할 수 있었다. 1986년 8월 16일, 사고가 난 지 2년도 채 되지 않아 그는 다시 무대에 올랐다. 어느 대규모 페스티벌이었다. 다시 1년 뒤, 그는 데프 레퍼드 멤버들과 함께 《히스테리아Hysteria》라는 앨범을 냈다. 해당 앨범은 2천만 장 이상의 발매고를 기록하며 하드록 역사상 가장 큰 성공을 거두었다.

베토벤은 이십 대 후반에 접어들며 이미 청력을 잃기 시작했다. 외부로부터 들어오는 소리를 증폭시켜 듣기 위해 나팔 모양의 보청기도 착용했다. 1816년부터는 손글씨로 메모를 써서 의사소통했다. 진실인지 아닌지 알 수는 없지만, 각종 자료나 '전설'에 따르면 그러다가 어느 순간 청력을 완전히 상실했다고 한다. 9번 교향곡을 쓸 당시에는 귀가 아예 들리지 않았다는 뜻이다.

미국의 음악학자 시어도어 알브레히트Theodore Albrecht는 2020년 베토벤 탄생 250주년을 맞아 베토벤이 죽기 직전까지도 약간의 소리를 들을 수 있었다는 사실을 입증하는 자료들을 공개했다. 베토벤의 자필 메모와 동료 및 주변인의 증언 등이 그의 주장을 뒷받침했다. 하지만 베토벤이 심각한 청각 장애를 앓았다는 사실에는 의심의 여지가 없다. 그럼에도 수많은 위대한 작품들을 남길 만큼 뛰어난 천재였다는 사실도 마찬가지다.

음악사 전체를 통틀어 청각 장애를 지녔던 뮤지션 중 베토벤만큼 유명한 작곡가는 없다. 위대한 작품과 더불어 그만큼 감동적인 스토리를 남겼기 때문인데, 베토벤의 스토리를 재연하고 싶었던 음악가가 한 명 있다. 사무라고치 마모루佐村河内守가 그 주인공이다. 그는 자국인 일본에서 꽤 유명한 인물이다. 교향곡 〈히로시마Hiroshima〉를 실은 앨범은 10만 장 이상 팔렸다. 1945년 원자폭탄으로 목숨을 잃은 희생자들을 기리기 위해 만들었다는 이유로 사회 전반에 커다란 울림을 준 이 곡은 2011년 쓰나미 피해 이후에는 절대 포기하지 않겠다는 다짐의 상징이 되었다. 일본 국가에 버금갈 정도로 어딜 가든 울려 퍼졌고, 베토벤과 놀라울 정도로 닮은꼴인 사무라고치의 인생 역정을 다룬 보도들이 여기저기에서 쏟아져 나왔다.

사무라고치 마모루는 청소년 시절까지는 청각 장애인이 아니었으나 이런저런 문제가 불거지다가 35세 때 청각을 완전히 상실했다. 그런데도 음악에 대한 천재적인 상상력 덕분에 작곡에 전념해 위대한 작품을 쓸 수 있었던 것이다. 언론은 마모루를 찬양하기 바빴다. "일본의 베토벤"이라 칭하기도 했다. 그런데 알고 보니 모든 게 사기극이었다. 그에게는 유령 작곡가, 즉 곡을 대신 써주는 이가 있었다.

이 사실이 만천하에 드러나자 그는 청력을 상실한 '이후'부터 대필 작곡가를 쓰기 시작했다고 둘러댔다. 하지만 그의 대필 작곡가이자 비정규직 음악 교사였던 니가키 다카시는 마모루가 청력을 상실하기 훨씬 전부터 마모루의 부탁을 받고 곡을 대신 써왔다고 털어놓았다. 의뢰인인 마모루는 오케스트라용 스코어 악보를 아예 쓸 줄도 모른다는 제보까지 했다. 이것만 해도 경악스럽기 짝이 없지만, 여기서 끝이 아니다. 마모루가 심지어 청각 장애인도 아니라는 사실이 밝혀졌다. 누군가와 인터뷰를 하던 중 초인종이 울리자 무심결에 벌떡 일어나 버린 것이었다. 거짓말에는 늘 치밀함이 따라야 하는데, 치밀함과는 거리가 먼 행동이었다.

한편 록 밴드 키스Kiss의 보컬과 기타를 맡았던 폴 스탠리Paul Stanley는 선천성 외이 기형을 앓고 있었다. 오른쪽 귀가 들리지 않는 상태로 태어나 그쪽에서는 뇌 뼈의 공명을 통해서만 소리를 인식할 수 있었다. 자서전에서 그는 외과 수술을 받은 서른 살 전까지는 소리가 왼쪽과 오른쪽 중 어느 방향에서 들려오는지조차 구분할 수 없었다고 고백했다. 주변 소리가 들리지 않는다는 사실은 더 절망적이었고, 그 탓에 사람들과의 접촉을 피하게 됐다.

잘은 모르겠지만 위대한 아티스트들의 사고방식과 감정은 대중과는 다른 듯하다. 그 '특이함' 속에서 특별한 아이디어가 떠오르는 게 아닐까? 매우 조심스럽게 말하건대, 그런 의미에서 신체적 제약이 인생에 무조건 걸림돌이 된다고 할 수는 없지 않을까?

장애를 지닌 이들이 특혜를 누린다는 식의 악의적인 의견을 유포하는 이들이 있다. '장애인 프리미엄'이라는 말까지 나돌고 있는데, 매우 끔찍한 가치관이라 생각한다. 그나마 차별이 덜하다는 음악 분야에서도 장애는 힘겹게 극복해야 하는 난관이다. 상업주의와 장애인이 비친화적인 시스템 속에서 살아남고 이름을 알리기란 절대 녹록지 않다.

나는 거의 30년 동안 크리스마스 때마다 라디오에서 흘러나오는 〈펠리스 나비다드Feliz navidad〉를 들어왔지만, 그 노래를 만들고 불렀으며 그래미상까지 받은 호세 펠리시아노José Feliciano가 선천적인 시각 장애인이라는 사실은 알지 못했다. 시각 장애를 지닌 뮤지션 중 세대를 거듭하며 이름이 이어질 만큼 위대한 업적과 멋진 노래를 남긴 이들이 꽤 많다. 아트 테이텀Art Tatum, 레이 찰스Ray Charles, 안드레아 보첼리Andrea Bocelli 등이 대표적이다. 음악 학도였던 내게 큰 영감을 주었던 뮤지션은 스티비 원더였다. 스티비 원더의 노래는 다 좋다. 베이비페이스Babyface와 부른 〈하우 컴, 하우 롱How come, how long〉, 마이클 잭슨과 함께한 〈저스트 굿 프렌즈Just good friends〉, 아리아나 그란데와 호흡을 맞춘 〈페이스Faith〉 등 같은 길을 걷는 동료들과 협업한 노래들은 더 멋지다. 그의 안에 얼마나 많은 에너지가 담겨 있는지를 곱씹으면서 들어보라. 그 노래들은 그야말로 '작품'이다.

 게다가 스티비 원더의 작품들은 좀 특이하다. 아주 단순한 듯하면서도 뜯어보면 복잡하기 짝이 없다. 5도권circle of fifths이라는 용어가 있다. 출발음부터 완전5도로 음을 계속 잡아가면서 한 바퀴 돌고 난 뒤 같은 음으로 돌아오는 순환 구조를 가리키는 말이다. 스티비 원더의 곡에는 우리 귀에는 편히 들리지만 음악적으로 분석해 보면 그 5도권을 최소한 반 바퀴는 도는 곡들이 꽤 많다.

 스티비 원더의 유머 감각도 빼놓을 수 없다. 트럼프가 대통령으로 당선되기 얼마 전 스티비 원더는 어느 신문사와의 인터뷰에서 특유의 날카로운 풍자 감각을 발휘하며 "트럼프한테 표를 준다는 건 나한테 운전을 하라는 것과 같은 말입니다!"라고 말했다. 내 생각에 스티비 원더는 확실히 괜찮은 사람이다.

철학:
영감이 필요할 때 음악 감상

음악은 악보 속에 있는 것이 아니다.
음악은 그 중간의 침묵 속에 있다.
- 볼프강 아마데우스 모차르트 Wolfgang Amadeus Mozart(1756~1791)

불타는 피아노, 물뿌리개가 등장하는 음악, 오케스트라를 구성하는 악기가 한꺼번에 포르테forte로 연주하며 잠든 청중을 깨우기 등 클래식 음악계에서도 편견과 고정관념을 깨기 위해 수많은 파격적 시도들이 이뤄져 왔다. 소리뿐만 아니라 연주 시간과 관련한 시도도 많았다. 그렇다면 연주 길이는 어느 정도가 적당할까? 색다른 영감 덕분에 탄생한 작품도 있을까? 미래의 음악은 어떤 모습일까? 요즘처럼 시인과 철학자를 발견하기 어려운 시대에 음악은 어떤 철학을 지니고 있을까?

불타는 피아노

하나의 음악이 탄생한 데는 다 그럴싸한 배경이 있지 않을까? 너무 낭만적인 상상인지는 모르겠지만, 한없는 고독감에 빠진 누군가가 악기 앞에 앉거나 악기를 잡는 상상을 했을 것이다. 그는 어쩌면 치명적인 병에 걸려 죽을 날을 앞두고 있었을지도 모른다. 그리고 그 무한한 두려움과 고독감과 비통함을 음악에 담아냈을 것이다. 그렇지 않았다면 이렇게 탁월한, 세상에 다시없을 명곡이 탄생했을 리가 없다.

음반사들은 이와 같은 '섹시한' 스토리를 언론사에 뿌리기 바쁘다. 하지만 대중이 원하는 것은 진실과 진정성이다. 우리가 듣는 음악의 대부분은 맨땅에서 그냥 생겨나지 않는다. 심지어 우리가 흔히 아는 '서양 음악'만 해도 그렇다. 서구 음악 대부분이 12음 음계로 되어 있고, 장조나 단조, 혹은 이 두 개를 혼합한 구조다. 이미 정해진 틀이 있다는 뜻이다.

하지만 정해진 틀을 깨려는 시도도 많다. 클래식계의 아방가르드라 할 수 있는 뉴 뮤직이 이름에 걸맞게 선두 주자 역할을 톡톡히 하고 있다. 이밖에도 나이프, 포크, 스푼을 그랜드 피아노 위에 올려둔 뒤 사운드의 변화를 관찰하는 정도의 시도가 있긴 했지만, 사실 이 정도는 납득이 가는 수준이다.

연주하는 동안 피아노를 불태우는 시도쯤 되면 상당히 극단적인 실험이라 할 수 있다. 2008년 일본의 피아니스트 야마시타 요스케山下洋輔가 진짜로 이와 같은 시도를 했다. 유튜브에서 '불타는 피아노burning piano'로 검색하면 실제 영상을 볼 수 있다. 야마시타는 방화복을 착용한 채 거의 10분 동안 피아노를 연주하며 피아노 해머를 불태운다.

몇몇 참사에도 불구하고 철학적 사유는 어둠을 물리치고 빛을 선사해 준다고 말하고 싶다. 고정관념에 의문을 던지고 새로운 시각을 얻을 수 있는 계기를 만들어주기 때문이다. 그렇게 획득한 새로운 가치관을 음악에 반영할 수 있다면 금상첨화다!

하늘을 나는 현악기 vs 욕조 속 물고기

처음 듣는 이들에게 뉴 뮤직은 귀에 거슬릴 수 있다. 또한 어떤 곡이냐에 따라 차이가 크지만, 연주자도 청중만큼 힘에 부친다.

연주자를 직접 불러모아 실황 공연을 감상하기에 특별히 더 힘든 곡들도 있다. 카를 하인츠 슈토크하우젠Karl-Heinz Stockhausen의 작품 중 〈헬리콥터 현악 4중주Helicopter String Quartet〉라는 곡이 있다. 이 곡을 듣고 싶다면, 일단 현악 4중주단을 구성하는 악기를 연주할 사람들을 섭외해야 한다. 여기까지는 그렇게 어렵지 않지만, 중요한 건 그 다음이다. 잘 돌아가는 헬리콥터 네 대를 불러야 한다.

〈헬리콥터 현악 4중주〉는 연주자들이 각기 헬리콥터 한 대씩에 앉아 비행 중에 연주하는 모습을 조합한 곡이다. 지금까지 네덜란드, 독일, 오스트리아, 스위스에서 실황 공연이 있었는데, 모두가 스펙터클한 촬영이었다. 원래는 오스트리아에서 초연을 할 계획이었지만, '무의미한 환경 파괴'라며 빗발치는 반발에 결국 무산되고 말았다.

환경 보호 단체의 미움을 사지 않았음에도 커다란 논란을 일으킨 곡을 쓴 작곡가도 있다. 사실상 존 케이지John Cage의 곡 전부가 거기에 해당한다. 생전 총 250여 곡을 썼는데, 곡 하나하나가 전설적이다. 물뿌리개와 욕조 속에 담긴 공gong을 동원해서 연주하는 〈워터 워크Water walk〉는 그중에서도 기념비적인 곡이다.

그가 쓴 악보에는 실제로 물고기가 그려져 있다. 다행히 존 케이지가 원했던 게 살아서 펄쩍펄쩍 뛰는 물고기는 아니었던 듯하다. 적어도 1960년 텔레비전에 출연했을 당시에 살아 있는 물고기를 활용하지는 않았다. 실황 공연을 중계하던 진행자는 시청 중이던 수백만의 미국인들에게 웃고 싶으면 웃어도 된다고 말했다. 실제로 많은 시청자가 이유 모를 웃음을 터뜨렸다. 그러자 존 케이지는 "그래도 우는 것보다는 웃는 게 좋잖아요?"라며 능구렁이처럼 대처했다.

존 케이지는 악기를 연주하는 것과 하나의 곡을 만드는 것, 즉 연주와 작곡이 애초부터 다른 작업이라는 사실을 진심으로 청중에게 납득시키고 싶었던 듯하다. 그러기 위해 자신의 곡에 '우연'이라는 요인을 끌어들이는 실험도 마다하지 않았다. 동전 던지기나 『주역周易』의 점괘에 따라 오케스트라가 연주할 선율을 결정한 곡이 그렇다. 어쩌면 케이지는 기존의 모든 질서를 파괴하고 싶었던 게 아닐까? 침묵이 진짜 음악의 반대말인지에 대해 의문을 제기한 것도 그런 욕구의 일환이 아니었을까?

침묵의 소리

존 케이지의 1952년 작품 하나를 나는 매우 좋아한다. 매일 즐겨 들을 정도다. 독자들도 매일 듣고 있을 수도 있다. 뭐, 들을 수도 있고, 듣지 않는다고 생각할 수도 있다.

내가 말하는 곡의 제목은 〈4분 33초〉다. 해당 곡의 오케스트라 악보에는 아무것도 표시되어 있지 않다. 처음부터 끝까지 휑하다고 보면 된다. 그래도 악장은 구분되어 있다. 총 세 악장으로 되어 있지만, 어떤 음표도 얼씬거리지 않는다. 관현악단이 이 곡을 연주한(?) 적도 있다. 지휘자가 첫 박을 알렸고, 단원들 모두가 언제든지 연주에 돌입할 수 있도록 태세를 갖추었다. 4분 33초 동안 모두가 꼼짝 않고 텅 빈 악보만 바라보고 있었다.

하지만 당시 이 곡은 나름대로 큰 울림을 주었다. 음악을 '들으며' 많은 이들이 생각에 잠겼을 것이다. 공연장 안 에어컨 소리도 음악으로 쳐줘야 하나? 객석에서 간간이 터져 나오는 기침 소리도 음악일까? 모르긴 해도 각자가 처한 상황에 따라 다양한 생각에 빠져들었을 것이다.

학창 시절에 음악 선생님이 CD를 틀어준 적이 있다. 본인이 직접 연주한 곡이라 했다. 무슨 곡인지는 말해주지 않았다. 두 친구가 손을 들고 아주 희미하게 멜로디가 들리는 것 같다고 말했지만, 내 귀에는 아무것도 들리지 않았다. 진짜로 아무 소리도 들리지 않았다. 친구들의 숨소리와 책걸상이 삐걱거리는 소리는 들렸지만, 거기에 음악이라 부를 만한 소리는 분명 없었다. 한 가지 확실한 건, 그때만큼 모두가 집중했던 시간이 없었다는 사실이다.

처음에는 '뭐야, 이게 음악이라고?'라는 생각이 들 수도 있지만 〈4분 33초〉는 보기에 따라 정말 기발한 곡이라 할 수도 있다. 청중에게 음악은 어떤 의미일까? 우리 귀에 들리지 않는 음악도 음악이라 할 수 있을까? 우리가 '음악' 하면 으레 떠올리는 건 우리 귀에 들리면서 약간의 사회적 의미도 지니고 있는 멜로디다. 4분 33초 동안 아무 소리도 내지 않는 무대를 응시하면서 주변 소리에만 귀를 기울이는 건 음악일까, 아닐까? 만약 맞는다면, 음악이 지니는 사회적 의미는 무엇일까?

악보의 '악' 자도 몰라도 누구나 읽을 수 있는 오케스트라 악보라는 점에서, 나아가 악기를 잡아본 적 없는 사람조차 연주할 수 있다는 점에서 〈4분 33초〉는 이미 훌륭한 곡이다. 어디까지나 개인적인 의견이지만, 적어도 나는 그렇게 생각한다.

한 곡의 적당한 길이

존 케이지는 이 외에도 기발하고 재미있는 곡들을 많이 만들었다. 〈Organ²/ASLSP〉는 케이지가 말년에 쓴 걸작 중 하나로, 앞으로도 수백 년 동안 울려 퍼질 예정이다.

제목만 봐서는 무슨 곡인지 모르겠어서 고개를 갸우뚱하게 되지만, ASLSP가 무엇의 약어인지 알면 비밀은 금세 풀린다. ASLSP는 '최대한 느리게As SLow aS Possible'라는 뜻이다. 얼마나 느리게? 한 번 연주하는 데 무려 639년이라는 시간이 필요할 만큼 느리게! 이쯤 되면 귀로 듣는 곡이 아니라 엉덩이 힘으로 듣는 곡이다. 연주 역시 손가락이나 팔보다 엉덩이 힘이 뒷받침해줘야 가능하다.

〈Organ²/ASLSP〉는 세상에서 가장 긴 오르간곡이다. 2001년 할버슈타트의 어느 교회에서 이 곡을 연주하기 시작했다. 2640년이 되어야 연주가 끝난다고 한다. 몇 년에 한 번씩 소리를 낼 정도로 느린 곡인데, 그때마다 희귀한 이벤트를 보기 위해 세계 각국에서 관람객들이 몰려온다.

〈Organ²/ASLSP〉는 우리의 시간 감각을 엉망진창으로 뒤엉키

게 만든다. 차분히 듣다 보면 인생이 얼마나 짧고 무상한지, 세상은 얼마나 빨리 돌아가는지 등에 대해 고민해 보게 된다. 할버슈타트의 그 교회에 가면 시간이 멈춘 듯한 느낌이 든다고 한다. 좋은 현상이다.

〈Organ²/ASLSP〉의 반대편에는 극단적으로 짧은 곡이 하나 있다. 연주 시간이 불과 1.316초밖에 되지 않아서 세상에서 가장 짧은 곡으로 기네스북에도 올랐다. 헤비메탈 밴드 네이팜 데스Napalm Death의 〈유 서퍼You suffer〉라는 곡인데, 귀를 틀어막고 싶을 정도로 쩌렁쩌렁 울린다. 드럼과 기타, 베이스, 보컬이 한꺼번에 아우성치지만 1.316초만에 조용해진다. 가사도 당연히 아주 짧다. "유 서퍼, 벗 와이You suffer, but why?"가 전부다. 하지만 실제 연주에서는 이 짧은 가사도 다 들리지 않는다. 한 음절 정도만 들릴 뿐이다.

〈유 서퍼〉를 음악이라고 할 수 있을까? 그저 누군가 떠올린 기발한 장난에 불과한 것은 아닐까? 어느 쪽이 정답인지 알 수 없지만, 〈유 서퍼〉는 〈4분 33초〉만큼이나 큰 인기를 끌었다. 커버 버전도 무수히 쏟아졌다. 호주의 전통적인 목관 악기인 디저리두Didgeridoo로 연주한 버전도 있는데, 한번쯤 찾아서 들을 만큼 훌륭한 퍼포먼스다.

우연의 일치로 보이긴 하지만, 〈유 서퍼〉와 〈4분 33초〉가 모두 1987년에 탄생했다는 사실도 재미있다. 모르긴 해도 1987년을 즈음해 실험 정신과 철학적 사유를 음악에 접목하는 시도가 유행했을 것이라 추측해 본다.

우리가 알고 있는 유명한 노래는 대부분 3~4분 사이인데, 이는 옛날 음반 제작의 기술적 문제에서 기인했다. 기술적으로 감당할 수 있는 길이가 딱 그 정도였던 것이다. 청취자에게 지루함을 느끼게 하면 안 되는 라디오 방송에도 3~4분 정도의 노래들이 적합했다. 바이닐 재질의 LP 음반이 나오기 전까지는 셸락shellac이라는 동물성 수지를 활용해 음반을 제작했다. 셸락 판 시절에는 2분에서 2분 30초 길이의 노래만 녹음이 가능했다.

요즘 들어 다시 노래가 짧아지고 있다. 스트리밍 서비스 업체들이 노래가 흘러나온 뒤 31초째부터 재생 횟수를 한 번으로 인정해 주기 때문이다. 노래를 듣다가 31초가 지나야 한 번 재생한 것이 된다. 노래가 아무리 길어도 31초 이후부터는 재생 횟수를 한 번밖에 인정받지 못한다.

짧은 곡일수록 당연히 재생 횟수가 빠르게 올라간다. 밴드나 그룹 입장에서는 노래를 비교적 짧게 만들 수밖에 없다. 최대한 듣기 편한 쪽으로 곡을 쓸 수밖에 없기도 하다. 그래야 재생 횟수가 올라가 수입을 챙길 수 있기 때문이다. 철학적 관점에서만 보자면 100년 전으로 되돌아가는 추세라 할 수 있다.

음악과 철학, 음악과 문학

철학가에게 영감을 받은 곡들이 꽤 많다. 니체의 대표작이라 할 수 있는 『차라투스트라는 이렇게 말했다』와 같은 제목의 곡도 있다. 리하르트 슈트라우스Richard strauss는 동명의 교향시를 작곡했다. 리하르트 바그너Richard Wagner는 쇼펜하우어의 작품 『의지와 표상으로서의 세계』를 네 번이나 탐독하고, 책에서 받은 영감을 자신의 작품에 반영했다. 팝에서도 문학과 철학 서적에서 영감을 받은 사례가 수두룩하다.

데이비드 보위David Bowie는 니체와 슈트라우스의 관계를 따라 하기라도 하듯 조지 오웰의 『1984』와 같은 제목의 노래를 발표했고, 영국의 록 밴드 프란츠 페르디난트Franz Ferdinand도 〈율리시스Ulysses〉라는 곡을 냈다. 제임스 조이스James Joyce의 동명 작품을 기리는 동시에 그리스 신화에 등장하는 영웅 오디세우스를 염두에 두고 만든 곡이다.

때로는 문학 작품과 노래 제목 사이의 연관성을 둘러싼 오해가 발생하기도 한다. 콜드플레이의 노래 중 〈42〉가 있다. 『은하수를 여행하는 히치하이커를 위한 안내서』가 자연스럽게 떠오른다. 책에서 42는 '삶, 우주 그리고 모든 것에 대한 대답'이다. 그래서 영국의 월간 음악 잡지 《큐Q》는 어느 날 콜드플레이의 리드 보컬 크리스 마틴Chris Martin에게 책이 노래의 탄생 배경이냐고 물었다. 돌아온 대답은 "그럴 수도 있겠죠. 아닐 수도 있고요. 42는 그냥 제가 제일 좋아하는 숫자인데요?"였다.

송라이터의 정체

어떤 곡의 탄생 배경이나 창작 과정을 그 노래를 부른 가수한테 물어보는 게 타당한 일일까? 부르기만 했을 뿐, 그 곡을 쓴 사람은 따로 있을 수도 있는데 말이다. 그래도 우린 늘 아티스트에게 습관처럼 물어보곤 한다. 이상하다고 말할 수도 없다. 그 노래를 부른 가수보다 그 노래를 더 잘 아는 사람은 없으리라는 가정이 완전히 틀린 것처럼 들리지 않기 때문이다.

그런데 히트송은 노리고 만든다고 탄생하는 게 아니다. 우연히 탄생하는 경우가 더 많다. 많은 이에게 감동을 주는 음악은 노린다고 만들어지는 게 아니다. 기본적으로는 그렇다. 그런데 우리는 왜 어떤 히트송이 백 퍼센트 창작이 아니라 표절이라는 말을 들으면 세상이 무너질 것처럼 실망할까? 왜 사기당한 기분이 들까?

어차피 요즘 우리가 듣는 가요들 대부분은 '송라이팅 캠프songwriting camp'에서 만든 것들이다. 한 곡을 만드는 데 열 명이 달라붙기도 한다. 누군가는 비트를 만들고, 누군가는 신시사이저 사운드를 창작한다. 톱라이너topliner는 후크 송 중 후크 라인, 즉 아무 생각 없이 걷다가도 자꾸만 생각나는 반복적 후렴구를 만드는 사람이다. 이러한 분업 방식은 매우 효율적이다. 최근 새롭게 등장한 방식도 아니다. 요즘 들어 인원수만 좀 더 늘었을 뿐이다.

지금 음악 제작 과정에서 한 자리를 단단히 꿰차고 있는 '일꾼'을 지목하자면 바로 컴퓨터다. 클래식도, 대중가요도 컴퓨터 없이는 돌아가지 않는다. 예를 들어 유명한 오디오 편집용 소프트웨어인 멜로다인Melodyne은 오케스트라 소리를 일일이 필터링하고 틀린 음정을 보정한다. 좀 섬뜩하게 느껴지기도 하지만, 멜로다인 덕분에 절약할 수 있는 비용을 생각하면 그저 고마워해야 할 따름이다.

예를 들어 누군가가 '삑사리'를 내더라도 모두가 다시 모여 전곡을 다시 연주할 필요가 없다. 게다가 컴퓨터로 만든 인공 사운드에 실제 사람이 연주한 어쿠스틱 사운드를 입힐 수도 있다. 영화 음악에서 자주 활용하는 기법이다.

대중음악 분야에서도 컴퓨터를 활용하곤 한다. 에이블톤Ableton이 대표적인 오디오 편집 소프트웨어인데, '랜덤random' 옵션을 고르면 멜로디 시퀀스가 무작위로 생성된다(존 케이지가 살아 있었다면 아마 이 기능에 열광했겠지?). 에이블톤에게 얼마큼의 '자유'를 허용할지도 사용자가 설정할 수 있다. 내가 원하는 옵션을 설정한 뒤 거기에 얼추 들어맞는 시퀀스를 얻어낼 수 있는 것이다.

녹음을 하다가 박자나 비트가 살짝 어긋나도 요즘은 큰 문제가 아니다. '퀀타이징quantizing'이라는 기술이 있기 때문이다. 마우스 한 번만 클릭하면 짜잔, 모든 문제가 단박에 해결된다. 너무 티 나게 퀀타이징을 하는 대신 좀 '인간적으로' 퀀타이징을 하라는 명령을 내릴 수도 있다. '스윙'이나 '그루브', '휴머나이즈humanize' 같은 기능을 '온on' 모드로 바꾸면 인간미 넘치는 사운드를 만들어낼 수 있다. 철학적 관점에서는 웃기는 역설이다. 나는 사람이고 컴퓨터는 기계인데 내가 컴퓨터한테 인간미를 좀 더 해보라고 부탁한다고? 뭔가 이상하지 않은가?

앞으로의 음악

우리의 미래는 한 가지로 정해지지 않았다. 무궁무진한 옵션이 존재한다. 내가 어떤 결정을 내리느냐에 따라서, 혹은 예기치 못한 어떤 우연이 중간에 끼어드느냐에 따라서 지금 생각하는 것과는 완전히 딴판인 미래가 펼쳐질 수도 있다. 어쿠스틱 사운드나 뮤지션이 오프라인에서 실제로 직접 연주한 음악이 장차 더 큰 인기를 끌 수도 있고, 그러거나 말거나 다른 쪽에서는 전자 음악이 새로운 사운드를 만들며 독자적인 마니아층을 구축할 수도 있다.

기술이 진보할 것이라는 데는 의심의 여지가 없다. 1998년 미국의 가수이자 배우인 셰어Cher는 '오토튠Auto-Tune'을 이용해 만든 곡 〈빌리브Believe〉로 돌풍을 몰고 왔다. 엇나간 음정을 자동으로 보정해 주는 프로그램을 사용한 것이었다. 이제 오토튠이라는 전술적, 아니 기술적 무기만 있으면 누구나 가수가 될 수 있다.

오토튠은 절대음정에서 벗어난 소리를 귀신처럼 잡아내 보정해 준다. 오토튠의 기능을 극대화하면 결국에는 우리 모두의 목소리가 똑같아질 수도 있다. '오토매틱 튠', 그러니까 모두가 '로봇 사운드'를 내게 될 수도 있다는 뜻이다. 따라서 소프트웨어를 무제한으로 사용하는 것은 고민이 필요하다. 깨끗한 사운드를 얻을 수 있을지는 몰라도 결과물이 늘 아름답다는 보장이 없기 때문이다. 음악 관련 소프트웨어가 아직 거기까지는 해내지 못한다.

소프트웨어로 만든 사운드는 어디까지나 깔끔하고 틀린 부분이 없을 뿐이다. 하지만 온몸에 소름이 돋게 만드는, 카리스마 넘치는 목소리는 기계적으로 만들어낼 수 없다(개인적으로 매우 다행이라 생각한다). '이퀄라이저EQ'나 '홀hall', '딜레이delay' 등 정말 신통방통한 기능들이 많은 건 사실이지만, 컴퓨터가 아직 심금을 울리는 목소리까지는 만들어내지 못한다.

사실 그런 날이 까마득하게 먼 것 같지는 않다. 보컬로이드Vocaloid라는 소프트웨어를 이용하면 목소리를 인위적으로 생성해 낼 수 있다. 사람의 목소리와 거의 비슷하다고 한다. 보컬로

이드가 낳고 일본 열도가 열광한 캐릭터 중 하나가 하츠네 미쿠다. 하츠네 미쿠는 3D 팝 스타로, 백 퍼센트 컴퓨터로 제작한 캐릭터다. 하츠네 미쿠는 레이디 가가의 공연 전에 분위기를 띄우는 보조 가수 역할도 했고, 텔레비전 쇼에도 출연했다. 가상 세계 가수의 등장에 당황한 시청자들도 적지 않았다고 한다. 시리Siri와 친구처럼 대화를 나누는 이들이 많아졌다고 해도 3D 홀로그램이 노래를 부르는 모습에는 아직은 익숙하지 않은 이들이 더 많다. 참고로 '하츠네 미쿠'라는 3D 가수의 이름은 글자 그대로 번역하면 '미래의 소리'라 한다.

스트리밍 서비스 업체들은 앞으로 점점 더 고객의 취향과 기분에 맞춘 콘텐츠를 제공할 것이다. 알고리즘이 이미 우리가 좋아하는 노래들을 '계산'하고 있고, 우리가 듣고 싶어 할 노래 목록들을 우리 눈앞에 던지고 있다. 랜덤이나 휴머나이즈 기능을 동원해 눌러보지 않고는 도저히 못 배길 곡들을 순식간에 만들어내는 세상이 올지도 모르겠다. 그런 세상이 좋으냐고 물으면 대부분은 고개를 절레절레하고 손을 내저으며 거부감을 보이겠지만, 우리는 이미 알고리즘에 갇혀 있다. 아마 다들 알고리즘이 추천하는 플레이리스트를 본 적이 있을 것이다. 이런 트렌드가 싫다면 종이로 만든 음악 잡지를 더 자주 구입하고, 진짜 사람이 부른 노래를 틀어주는 라디오 방송을 더 많이 듣기 바란다.

나는 미래의 음악을 짐작하게 해주는 SF 영화들이 좋다. 〈스타

위즈〉도 좋았고, 〈스타트렉 Star Trek〉도 좋았다. 그런 영화들은 대체로 진짜 클래식 악기에 전자 사운드를 결합시킨 노래를 OST로 쓴다. 반음보다 음정을 더 잘게 쪼갠 미분음을 이용해 서구식 아방가르드 음계 중 하나인 12음 음계의 탄생을 알리는 듯한 멜로디가 울려 퍼질 때도 많다. 12음 음계에 익숙해지는 미래 정도는 충분히 받아들일 수 있다.

경제:
프랑스 와인을 팔고 싶다면 프랑스 음악을

**난 기업가가 아냐,
내가 곧 기업이야, 알아?**
– 제이 지 Jay Z(1969~)

음악을 활용하면 매출을 교묘하게 끌어올릴 수 있다. 슈퍼마켓, 옷 가게, 식당 등 많은 상점에 해당하는 원칙이다. 음악은 소비자의 구매 욕구를 북돋우며 지갑을 더 자주 열도록 박차를 가한다. 음악은 여러 면에서 돈이 되는 비즈니스다. 클래식 음악이 주를 이루던 시절부터 그래왔다. 유명 연주자나 작곡가의 데드 마스크나 머리카락을 구하지 못해 애타는 팬들이 얼마나 많은지 모른다. 지금이라고 해서 달라졌을 리 없다. 음악으로 억만장자가 되고 싶다고 해서 반드시 음악가가 되어야 하는 건 아니다. 스트리밍 서비스 업체 하나만으로도 벼락부자가 될 수 있다.

음악은 최고의 마케팅

음악이 경제를 살린다. 음악을 틀면 매출이 올라간다. 마트가 그 대표적 사례다. 음악을 틀어놓으면 고객들이 마트에 머무르는 시간이 길어지고, 자신도 모르게 이 물건 저 물건을 장바구니에 담게 된다. 특히 가사가 있는 노래가 미묘하게 구매를 부추긴다.

음악의 장르와 가사도 소비자의 구매 행태에 영향을 미친다. 영국에서 이와 관련한 실험을 한 적이 있다. 2주 동안 슈퍼마켓 와인 코너에서 프랑스 음악과 독일 음악을 번갈아 틀었다고 한다. 아주 섬세한 방식으로 선곡을 한 건 아니었다. 단순하게 프랑스는 아코디언 음악으로, 독일은 금관 악기 음악으로만 구분했다.

우리는 대개 마트에 장을 보러 가면 사야 할 물품을 적어둔 메모를 보며 빠뜨린 물건이 없는지에 집중한다. 물론 다른 생각에 집중할 때도 많다. 그러나 '앗, 이 약아빠진 마트가 내 지갑을 더 활짝 열려고 일부러 저 음악을 틀어놓았군!'이라 생각하며 음악에 홀리지 않으려고 애쓰는 사람은 거의 없다.

조사 결과는 연구팀의 예상에서 크게 벗어나지 않았다. 연구팀이 프랑스풍이라 판단한 아코디언 연주를 틀어놓았을 때는 프랑스 와인이 더 많이 팔렸고, 스피커에서 금관 악기 소리가 흘러나올 때는 독일 와인의 판매량이 상승했다.

음악을 활용하는 것은 옷 가게에서도 마찬가지다. 다음에 옷 가게에 들를 기회가 있다면 어떤 음악이 흘러나오는지 귀 기울여 보기 바란다. 모던한 감각의 다이내믹한 음악일 가능성이 높다. 대부분은 하우스 비트house beat 패턴의 경쾌한 노래가 흘러나올 것이다.

소비자들은 새 옷을 살 때 무의식중에 몇 가지 기대를 품는다. 오늘 산 옷을 입으면 좀 더 어리게 보일 수 있을 것 같고, 유행에 뒤처지지 않을 수 있을 것 같다. BGM은 이러한 기대 심리를 강화하는 역할을 담당한다. 클럽에서 사용할 것 같은 사운드 시스템을 갖추고 굉음을 울리는 옷 가게도 있다. 같이 온 친구와 수다를 떨기도 힘들 정도로 볼륨이 높지만, 그래도 상관없다고 생각하는 듯하다.

옷 가게 입장에서는 소비자가 친구와 떠들 시간에 얼른 마음에 드는 옷을 골라 옷값을 지불하고 가게 밖으로 나가주기만 하면 된다. 내 마음도 노래만큼 흔들리기 시작한다. '그래, 오늘은 불타는 금요일이야. 오늘부터 며칠 동안 신나게 놀 수 있어.' 클럽에서 신나게 놀 시간을 예고하기라도 하듯 빠른 비트의 음악이 쿵쿵 울린다. 내 마음도 쿵쾅거린다. '좋아, 얼른 이 옷을 사야겠어. 이 옷을 입고 곧장 클럽으로 달려가야지!'

음악을 들으면 지갑이 열린다

서비스가 좋은 식당에 가면 돈을 더 쓰게 된다. 음식 맛이 훌륭하다면 금상첨화다. 멋진 음악을 들으며 식사를 즐기는 것만큼 기분 좋은 일은 없다. 팁을 두둑이 건네도 아깝지 않다.

그런데 서비스나 음식 맛과 무관하게 오직 음악 때문에 팁을 더 많이 주는 경우도 있다고 한다. 이번 실험 장소는 프랑스다. 프랑스 연구팀은 6주 동안 식당을 방문한 손님들을 관찰, 총 786명의 소비 패턴을 분석했다. 그들은 상황을 세 가지로 나누었다. 첫째, 아무 음악도 틀지 않기. 둘째, '중립적'인 음악 활용하기. 셋째, 사회적 결속이나 인간관계와 관련된 내용을 노래하는 음악 틀기. 가사는 전부 다 프랑스어로 되어 있었다. 참고로 프랑스어로 된 노래 중에 사회적 함의를 지닌 노래가 유독 많았다고 한다.

실험 결과는 어땠을까? 다들 짐작하겠지만, 팁 액수가 가장 박했던 건 1번 옵션이었다. 가사 없는 연주나 중립적인 노래를 틀었을 경우 액수가 조금 늘어났고, 3번이 가장 많은 액수를 기록했다. 공동체 의식을 자극하면 지출액이 늘어난다는 뜻이다. 각종 자선 단체가 크리스마스 시즌에 연중 가장 많은 액수의 기부금을 모금하는 것도 이것과 관련이 있을 듯하다.

동정심이나 사회적 공감을 자극하는 것도 용의주도하고 매우 유효한 방법이지만, 어쩌면 이보다 더 좋을지 모르는 방법이 하나 있다. 바로 '부자가 된 느낌'을 심어주는 것이다. 이때 가장 좋은 음악은 클래식이다. 고급 식당에서 배경 음악으로 트는 클래식은 그야말로 황금알을 낳는 거위다.

영국의 어느 단체가 발표한 연구 결과에 따르면 많은 이들이 클래식을 들을 때 왠지 '좀 배운 사람'이라는 느낌과 부자가 된 듯한 착각에 빠진다고 한다. 클래식 하면 으레 떠오르는 고정관념이 우리 안에서 모종의 화학 반응을 일으키는 것이다. 평소보다 팁만 많이 주는 게 아니라 전체적으로 더 많은 돈을 쓴다고 한다. 저녁 식사용 메뉴판에 적힌 가격을 보고 평소보다 덜 화들짝 놀라고 덜 기겁한다는 뜻이다.

음악 관련 굿즈들

음악 산업계는 돈벌이에 있어서만큼은 귀신 같은 창의력을 새록새록 발휘해 왔다. 밀레니엄 전환기를 즈음해 음반 판매량이 심각한 수준으로 줄어드는가 싶었지만, 그 대신 유명 콘서트의 입장권 가격이 천정부지로 뛰었다. 스타가 발산하는 아우라 역시 돈이다.

스타의 콘서트를 맨 앞줄에 앉아서 관람하려면 자금력이 있어야 한다. 롤링 스톤스는 팬 미팅 참가비로 3만 5천 달러를 책정하기도 했다. 그 돈을 내면 셀카도 찍을 수 있다. 요즘은 스타의 사인보다 스타와 함께 찍은 셀카를 더 선호하는 팬들이 많다. 스타와 찍은 인증 샷은 온라인 공간에 올려 '좋아요'를 받을 수도 있고 상황에 따라 환금성을 지니기도 한다. 일종의 화폐 혹은 현금이라 해도 무방한 것이다.

이와 같은 유행에 열광하는 젊은 세대를 비난할 수는 없다. 예전에는 유명 뮤지션의 얼굴을 본뜬 모형이 큰 인기를 누렸다. 1827년 베토벤이 세상을 떠난 뒤 오스트리아 화가 요제프 단하우저Josef Danhauser가 석고로 데드 마스크를 제작했다. 독일 본에 위치한 베토벤의 생가에 가면 데드 마스크를 개당 59.90유로에 살 수 있다.

하지만 지난 몇십 년간 수많은 팬이 서로 갖겠다고 아우성 친 물건은 데드 마스크가 아니라 한 움큼의 머리카락이었다. 유명 뮤지션의 머리카락을 두고 치열한 싸움이 벌어진 것이다. 2007년 존 레넌의 머리카락 한 줌이 3만 4천 유로에 낙찰되었다.

베토벤의 머리카락 중에서도 몇 가닥이 남아 있었다. 빈 법의학자들은 요즘 말로 포렌식으로 베토벤의 사인을 밝혀냈다. 베토벤은 음주를 즐겼고 간경화증에 시달린 모양이었다. 게다가 베토벤의 모발에서는 납 검출량이 정상 수치의 무려 80배에 달할 정도로 높게 나왔다. 베토벤은 아마도 싸구려 와인을 많이 들이켰을 것이다. 당시에는 신맛이 도는 와인에 아세트산 납으로 단맛을 추가하는 경우가 빈번했다.

2019년 런던 소더비 경매장의 망치 소리와 함께 베토벤의 모발은 새 주인의 손으로 넘어갔다. 낙찰액은 3만 9천 유로였다. 2015년 모차르트의 머리카락이 약 5만 유로에 낙찰된 것을 감안하면 비교적 낮은 가격이었다. 베토벤의 머리카락이 좀 더 많이 남아 있기 때문에 그랬을 것으로 추정된다.

머리카락 한 움큼에 대한 집착의 역사는 아직도 끝나지 않았다. 스타의 머리카락 입수를 둘러싼 집착이 최고조에 달했던 시기는 뭐니 뭐니 해도 19세기다. 프란츠 리스트는 화려한 곱슬머리로 결코 무시할 수 없을 만큼의 수입을 올렸다. 리스트의 머리카락이 당시로서는 일종의 굿즈였던 셈이다. 어쩌다가 리스트가 머리를 자른 뒤 머리카락을 팬들에게 내놓으면 극성 팬들은 그걸 서로 갖겠다고 아귀다툼을 벌였다.

어디까지나 전해 내려오는 풍문에 불과할 수도 있지만, 리스트는 자신의 곱슬머리에 대한 빗발치는 수요를 감당하다 못해 개 한 마리를 데려왔다고 한다. 자신과 똑 닮은 '털'을 제공할 수 있는 네 발 달린 친구를 키우기 시작한 것이다.

연주는 못 해도 음악으로 부자 되기

누차 강조하지만 음악만큼 짭짤한 돈벌이 수단도 없다. 하지만 진짜 큰돈을 만지고 싶다면 노래를 직접 부르거나 연주하는 것보다는 뮤지션들을 거느리는 게 더 현명하다.

　1981년 8월 1일 MTV가 출범했다. 사업 콘셉트는 간단하면서도 천재적이었다. 뮤직비디오를 공개할 수 있는 플랫폼을 제공하되, 뮤직비디오는 음반사나 가수들의 소속사가 자비로 직접 제작한다는 것이었다. 그러자 수준 높은 영상들이 물밀 듯 밀려왔다. 개중에는 수백만 달러를 들여 제작한 영상도 있었다. 게다가 뮤직비디오 사이에 광고를 등장시켰다.

　MTV는 중간중간 광고를 트는 음악 홍보 채널이다. 노르웨이 출신의 팝 밴드 아하A-Ha의 세계적인 히트송 〈테이크 온 미Take on me〉의 뮤직비디오는 두 가지 버전이 있다. 첫 번째는 1984년에 나온 것으로, 노래를 열창하는 가수들을 번갈아 보여주는 무난한 영상이다. 이때 유럽 전역에서 총 300장 정도의 음반이 팔렸다. 300장이면 뮤직비디오 제작에 참여한 스태프들의 밥값도 안 되는 수준이었을 것이다.

　그런데 이듬해에 같은 노래로 완전히 다른 버전의 뮤직비디오가 나왔다. 새 버전은 창의력 그 자체였다. 누군가 재빠르게 스케치한 듯 보이는 만화와 실사가 조화를 이룬, 명작 중의 명작이었다. MTV는 이 뮤비를 틀고 또 틀었다. 시청자들도 열광했고, 뜨거운 반응은 음반 판매와 직결되었다. 뮤직비디오가 대히트를 기록하자 약 800만 장의 앨범이 팔렸다. 해당 싱글은 무려 36개국에서 1위를 기록했다.

MTV는 MTV 언플러그드나 MTV 비디오 뮤직 어워즈 같은 새로운 포맷을 개척하며 음악 시장의 핵심 플레이어로 위상을 드높여 갔다. 자체 발표에 따르면 지금도 텔레비전을 틀어 MTV 채널을 시청하는 가구가 무려 500만에 달한다고 한다. 온라인 서비스 쪽으로 수요가 대거 이동하면서 음악 채널이 내리막길을 걷고 있는 건 사실이지만, MTV의 모회사 바이아컴CBS는 여전히 돈을 쓸어 담고 있다.

MTV가 텔레비전 채널을 플랫폼으로 활용했다면 유튜브는 인터넷 공간에 판을 벌였다. 인터넷은 누구나 손쉽게 영상을 올릴 수 있는 무대였다. 저작권 침해에도 그다지 엄격한 잣대를 들이밀지 않았다. 지상파 방송이 아닌 온라인 공간인 만큼 이용자들에게 자유를 최대한 허용하기로 결정한 것이다.

유튜브는 유저들에게 특정 규정만 지킨다면 어떤 영상이든 마음껏 업로드해서 최대한 많은 시청자를 끌어모으라 했고, 그 결과 유튜브 이용자 수와 총 시청 시간이 급속도로 늘어났다. 미디어 산업 전체에서 유튜브가 차지하는 위상도 당연히 급상승했다. 플랫폼 서비스 시작 시점으로부터 약 15년이 지난 지금, 유튜브는 150억 달러 이상의 매출액을 기록하고 있다. 그중 대부분이 광고 수입이다.

세계 최대의 음원 스트리밍 플랫폼인 스포티파이는 생긴 지 얼마 되지 않은 신생 기업으로, 마틴 로렌존Martin Lorentzon과 다니엘 에크Daniel Ek가 스톡홀름에서 창업한 업체다. 현재 직원 수는 약 4천 500명인데, 주요 직책은 대개 외부 소속이다. 여기에서 말하는 외부 소속 직원이란 다름 아닌 뮤지션들로, 이들은 스포티파이 비즈니스를 떠받치고 있는 기둥이다. 스포티파이 이용자들은 한 달에 10유로쯤을 내고 전 세계 모든 음악을 즐긴다. 돈을 조금 더 내고 프리미엄 계정을 만들면 더 많은 것들을 누릴 수 있다.

무료 이용자들도 알고 보면 무료 이용자가 아니다. 광고 시청을 통해 엄청난 수입을 플랫폼 회사에 안겨주고 있기 때문이다. 참고로 다니엘 에크는 그간 450만 달러의 부를 축적했다. 음악계에서 지금껏 가장 큰돈을 거머쥐었다고 알려진 폴 매카트니의 전 재산의 네 배에 달하는 돈이다. 공전의 히트송을 그만큼 남겼는데도 돈으로만 따지면 다니엘 에크가 폴 매카트니를 압도한 것이다.

자기소개서 취미란에 악기 연주를 써야 하는 이유

독자들 중에도 '그놈의' 면접을 본 이들이 많을 것이다. 면접을 본 경험이 있다면 그 살벌하고 살 떨리는 분위기가 어떤 것인지 잘 알 것이다. 살얼음판 같은 면접 분위기를 조금이라도 녹여줄 만한 무언가가 있다면 얼마나 좋을까? 예를 들어 면접관이 내가 제출한 서류를 보다가 "아, 피아노 칠 줄 아세요?"라고 묻는다거나 "이건 뭐죠? 코 플루트nose flute라고 적혀 있는데, 코로 피리를 불 수 있다는 뜻인가요?"라고 물어봐 준다면 쿵쾅대던 심장이 잠잠해지고 바싹 말라 있던 혀에 다시 침이 고일 것이다. 운 좋으면 물 만난 고기가 될 수도 있다. 적어도 그 질문에 대해서는 전문가 행세를 할 수 있다.

자기소개서에 외국어를 유창하게 구사한다고 적는 경우에는 면접관들은 바로 검증에 돌입한다. 위증이라는 죄목으로 면접에 탈락할 수도 있다. 음악은 비교적 안전하다. 검증이 쉽지 않은 분야다. 면접 장소에 악기를 비치해 두는 경우는 거의 없다. 면접관들 앞에서 실력을 발휘할 기회도, 필요도 없다. 무엇보다 좋은 건 많은 기업이 음악을 취미로 하는 이들을 선호한다는 점이다. 하나의 악기를 마스터할 만큼의 끈기와 집중력이 있다고 보기 때문이다.

자신의 이름을 내걸고 악기와 음악 관련 기기를 판매하며 연간 8억 5천만 유로의 매출액을 기록하고 있는 한스 토만Hans Thomann은 《프랑크푸르터 룬트샤우Frankfurter Rundschau》와의 인터뷰에서 "많은 뮤지션들과 손을 잡고 일하는 게 어쩌면 토만 사가 잘 돌아가고 있는 이유 중 하나일 수도 있습니다. (중략) 보통은 밴드나 교향악단 소속으로 일하는데, 거기에선 서로 목소리를 조율하고 호흡을 맞춰야 하니 자기가 원하는 것만 마음대로 할 수는 없잖아요?"라고 말했다.

  멘델스존에 관한 논문으로 박사 학위를 받고 이후 대기업과 공기업의 고문顧問을 지낸 누군가의 성공 스토리를 다룬《슈피겔》기사가 있었다. 기사 제목이 "경제학 학위가 없는 대기업 고문 – 기업에 색채를 부여하다"였다. 실제로 이와 같은 부분에 큰 가치를 부여하는 기업들이 적지 않다고 들었다.

  결론을 말하자면, 노래 실력이나 악기 연주 실력은 애써 감출 필요가 없다. 면접장에서는 오히려 떠벌려야 할 미덕이다.

V

반경 1M, 음악을 사수하라

언제 어디서든 음악을 들어야 하는 이유

생태 : 우유 생산량과 음악의 상관관계

> **비참한 삶에서 벗어날 수 있는 방법이 두 가지 있다. 그것은 음악과 고양이다.**
> – 알베르트 슈바이처 Albert Schweizer(1875~1965)

지구촌에는 기발한 아이디어를 떠올린 괴짜들이 생각보다 훨씬 많다. 식물이 더 잘 자라게 하기 위해 조명을 쬐어주자는 아이디어를 낸 사람도 있고, 젖소들한테 모차르트를 들려주면 우유를 더 많이 생산해 낼 것이라 생각한 이도 있다. 그런데 만약 그 생각이 통한다면? 밝은 곳에서 키운 식물이 더 잘 자라고, 모차르트를 들은 젖소에게서 더 많은 젖이 나온다면 그 사람들은 더 이상 괴짜가 아니다. 그 사람들은 선구자요, 개척자들이다. 그런데 동물들에게도 음악적 기호가 있을까? 흰개미들에게 헤비메탈을 들려주면 진짜로 나무를 더 빨리 갉아 먹을까? 무당벌레들은 왜 전자 음악의 일종인 덥스텝dubstep을 듣고 나면 짝짓기 활동에 시큰둥한 반응을 보일까? 강아지나 고양이처럼 집에서 키우는 반려동물들도 음악을 좋아할까? 이 장에서는 동식물의 음악적 취향을 다뤄보고자 한다. 지금부터 암컷 고래가 '뇌섹남'을 좋아하는 이유와 코알라가 '동물계의 배리 화이트'로 통하게 된 계기, 암컷 굴뚝새가 수컷과 혼례를 치른 뒤 어떤 노래를 부르는지 등 흥미진진한 동식물의 세계에 흠뻑 빠져보자.

음악을 들려주면 식물이 잘 자랄까?

식물과 대화를 나누는 이들이 생각보다 꽤 많다고 한다. 그런데 특정 조건만 충족하면 식물과 나누는 담소가 해당 식물의 생장을 촉진할 수 있다고 한다. 영국의 어느 연구팀은 주인이 무뚝뚝하게 대한 식물들보다 다정하게 말을 걸어준 식물들이 더 빨리 자란다는 사실을 밝혀냈다. 당황스럽고, 황당하고, 신기한 연구 결과였다. 후자에 물을 더 뿌린 것도, 빛을 더 쬐어준 것도, 더 양질의 흙에다 심은 것도 아니었다. 말을 걸었다는 변수 외에는 모든 조건이 동일했다. 식물에도 사람의 귀와 비슷한 기관이 달려 있는 것일까? 사람이 말을 걸어주니 기분이 좋아져 더 잘 자란 것일까? 연구팀은 그 상관관계를 더 깊이 파고들었고, 결국 원인을 찾아냈다.

관건은 호흡과 타액에 있었다. 사람이 곁에서 말을 건 덕분에 해당 식물들은 말을 걸지 않은 식물에 비해 이산화탄소와 수분을 더 많이 공급받았다. 팀원들이 꽤 가쁜 숨을 내쉬고 다량의 침을 튀기며 말을 걸었다면 이런 결과가 충분히 나올 수 있다.

그렇다면 대화가 아닌 노래나 연주에는 어떻게 반응할까? 멋들어진 노래를 들려주면 덤불과 나뭇잎들이 춤을 출까? 혹은 그것과 무관하게 그저 바람 때문에 살랑살랑 흔들리는 것일까? 음악을 들은 씨앗이 훨씬 더 싹을 잘 틔운다고 굳게 믿는 농장주가 많다. 이탈리아의 한 포도 농장에서는 포도주용으로 키우는 나무에 늘 모차르트를 들려준다고 한다. 그 결과 가지는 더 튼튼해졌고, 이파리는 더 선명한 초록색을 띠게 되었으며, 포도송이도 더 빨리 영글었다고 한다.

하지만 진짜로 그럴까? 캐나다 오타와대학교의 생물학자들은 1970년대에 이미 이와 관련한 실험을 진행했다. 여러 종류의 식물들에게 다양한 장르의 음악이나 특정한 소리를 들려주었다. 당연히 대조군도 있었다. 실험군과 똑같은 종류의 식물들에게는 어떤 '엔터테인먼트'도 제공하지 않았다. 처음에는 실험군과 대조군 사이에 큰 차이를 발견하지 못했다. 그런데 진동수가 5천 헤르츠를 넘어가면서부터 놀랄 만한 변화가 나타났다. '마르퀴스 밀'의 생장 속도가 믿을 수 없을 만큼 단축되었던 것이다. 이 연구 결과 덕분에 큰돈을 번 음반 업체도 많았다. "식물을 키우는 음악" 같은 제목에 초록색 표지를 달아 발매한 음반들이 시장에서 날개 돋친 듯 팔려나갔다. 이지 리스닝 계열의 재즈가 대부분이었다.

이후에도 음악으로 작물의 생장 속도를 앞당기기 위한 연구가 이어졌다. 대규모 농장에서 틀면 좋을 법한 '오디오 비료'가 연이어 쏟아졌다. 음악을 틀어놓기만 하면 수확량이 쭉쭉 늘어난다는데, 거기에 혹하지 않는 농장주가 있었을까? 이런 시류에 발맞춘 연구도 끊임없이 진행되었다. 1973년 미국의 도로시 레탈랙Drothy Retallack은 식물이 진짜로 소리에 반응하는지, 나아가 어떤 장르에 더 반응하는지를 확인하고 싶었다. 그는 여러 실험실에 똑같은 조건(빛과 산소의 양, 온도 등)을 마련한 뒤 어떤 방에는 레드 제플린이나 지미 헨드릭스의 연주 같은 로큰롤을, 어떤 방에는 클래식이나 인도의 전통 현악기인 시타르sitar 연주를 틀었다. 그 결과 바흐와 라비 샹카르Ravi Shankar가 더 효과적이라는 결론을 도출했다.

레탈랙의 실험 결과는 신기하고 충격적이었다. 로큰롤 '감상실'의 작물은 제대로 자라지 못했다. 이파리도 부실했고, 뿌리도 가늘어졌으며, 결국에는 시들고 말았다. 클래식과 시타르 연주를 틀어놓은 방의 식물은 튼실한 뿌리를 자랑하며 쑥쑥 자랐다. 전 세계 언론이 앞다투어 이 소식을 보도했다.

이 실험 결과가 옳다면 베토벤의 피아노 소나타 〈월광〉을 들은 식물이 더 잘 자라고 비발디의 〈사계〉가 광합성을 촉진해야 한다. 문제는 이 실험에도 사람의 입김이 개입했다는 점이다. 클래식이 더 고상하고 클래식이 더 옳을 수밖에 없다는 보수적인 가치관, 모차르트 음악을 들려주면 내 아이도 영재로 자랄 것이라는 식의 고정관념이 끼어든 것이다.

레탈랙의 결론을 뒤집을 만한 근거들이 단박에 쏟아졌다. 그가 명성의 함정에 빠져 진실을 왜곡했다는 것이다. 연구 과정을 입증하기 위해 제출할 사진을 찍을 때도 일부러 더 튼튼해 보이는 뿌리나 더 가느다란 뿌리를 선별했고, 제대로 된 검증 과정을 거치지 않았다.

그렇다면 5천 헤르츠를 둘러싼 소문은 사실일까? 비슷한 테스트를 몇 차례나 해봤지만, 그 역시 학술적으로 입증할 수 없었다. 그런데도 이런 식의 불완전한 연구를 팔아먹는 사례는 끊이지 않고 있다. 지금도 음악을 들려주면 식물이 잘 자란다고 선전하며 학계를 교란하는 자료가 난무한다. 『식물의 비밀스러운 인식 능력 Das geheime Bewusstsein der Pflanzen』이라는 책이 있다. 여기에 이런 구절이 나온다.

식물에게는 소리를 들을 수 있는 능력이 있다. 식물의 각 세포마다 세포막이라는 것이 있는데, 인간의 청각 기관만큼이나 예민하다고 한다. 수년간의 현장 실험 결과, 음악이 식물의 '건강'을 촉진시키는 것으로 드러났다.

식물이 일정한 주파수를 내뿜거나 들을 수 있다는 말은 사실이다. 물이 있는 곳을 감지하고 그쪽으로 방향을 튼다는 학설도 있다. 그런데 이 능력을 청력과 혼동해서 쓰는 자료가 너무 많다. 식물의 감각은 인간의 청력과 다르다. 스피커에서 음악이 흘러나오면 그쪽으로 방향을 트는 식물도 많다. 사람과 비슷한 청력이 있어서가 아니다. 그보다는 물리적인 이유가 더 크다. 소리의 파장이 공기의 흐름을 바꾸어놓기 때문이다. 공기의 흐름이 없으면 소리의 공명도 없다. SF 영화를 보면 가끔 우주 공간에서 레이저 사운드가 흘러나오는데, 말짱 다 헛소리다. 우주 공간은 고요하다. 적어도 지구인 귀에는 그렇다. 하지만 지구별에서는 공기의 흐름이 달라지면 기상과 온도가 달라지고, 식물은 당연히 기상 변화에 반응한다. 겨울에 해바라기를 잘 볼 수 없는 것도 그 때문이다.

유명 교향악단의 콘서트를 직접 관람하고 싶은 종려나무? 독일 바켄에서 개최하는 헤비메탈 축제로 달려가지 못해 안달 난 습지 식물 대택사초? 상상 속에서나 가능한 일이다. 동식물을 의인화하고자 하는 욕구는 인간의 본능이 아닐까? 자연 현상을 인간사에 빗대는 전통은 인류의 역사만큼이나 장구한 세월 동안 이어져 왔다.

음악을 들려주면 식물이 더 잘 자란다는 믿음은 앞으로도 한동안 사라지지 않을 듯하다. 지금 내가 마시고 있는 와인의 재료였던 포도송이가 모차르트를 즐겨 들었다는 상상은 신기하고 즐겁다. 그렇지만 정신을 바짝 차려야 할 이유 역시 충분하다. 그런 마케팅에 들어가는 비용도 결국 우리 주머니에서 나가는 것이니 말이다.

집에서 혹시 이 실험을 해보고 싶다면 내가 아끼고 가꾸는 화분 앞에서 최대한 '촉촉하게' 노래를 불러보기 바란다.

음악과 우유 생산량

우리가 마시는 우유에도 음악이 들어 있다. 그와 관련한 실험이 그만큼 많았다는 뜻이다. 수십 년 전부터 학자들은 음악과 우유 생산량 사이의 함수 관계를 연구해 왔다. 1936년에 이미 어느 학자가 젖소들에게 엔리코 카루소나 짧은 버전의 오페라인 오페레타operetta에 등장하는 노래들을 틀어줘 보았다. 셸락 음반을 일종의 '외양간 디제이'로 활용한 것이다. 개중에는 "소녀여, 소녀여, 내가 이토록 사랑하는 소녀여"라는 가사가 포함된 노래도 있었다. 연구자는 그 노래가 암소들의 마음에 들 것이라 믿었다.

그런데 그 일이 실제로 일어났다! 실제로 우유 생산량이 평소에 비해 늘었다. 하지만 생산량 증가의 원인은 젖소가 아닌 젖을 짜는 인간에게 있었다. 음악을 들으며 기분이 좋아진 인간의 팔뚝이 좀 더 리드미컬하고 빠르게 움직인 것이었다.

1990년대 들어 유사한 실험이 다시 등장했다. 이번에는 사람의 개입이 빛을 변수를 완전히 차단하기 위해 젖 짜는 기계를 동원했다. 젖소들에게는 모차르트 음악을 들려주었다. 우유 생산량은 0.6퍼센트밖에 늘어나지 않았다. 학술적으로 그다지 의미 없는 숫자였다.

가끔 시골 마을을 걷다가 외양간에서 흘러나오는 음악을 들을 수도 있다. 지금도 음악이 소들에게 안정감과 행복감을 심어 준다고, 그래서 결국에는 더 많은 우유를 생산해 낼 거라고 믿는 목축업자들이 많다. 실제로 그럴지도 모르지만, 사실은 소보다는 주인에게 더 큰 원인이 있다. 주인이 음악 덕분에 기분이 좋아지면 제아무리 예민한 젖소라도 긴장을 풀기 마련이다.

영국 레스터대학교 연구팀이 내놓은 결과도 재미있다. 연구진은 젖소의 우유 생산량과 음악의 상관관계를 확인하기 위해 체계적으로 접근했다. 표본 집단의 규모도 이전 실험들보다 훨씬 더 컸다. 무려 1천 마리의 소를 동원한 결과, 클래식과 록 발라드가 젖소들의 취향이라는 결론에 도달했다. 참고로 곡의 빠르기는 100bpm쯤이 적당했다. 그러면 우유 생산량이 늘었다. 적어도 아직까지는 이 연구 결과를 뒤집는 반증은 나오지 않았다.

상어는 헤비메탈 취향

소들은 나름 다양한 장르의 음악을 즐기는 것 같다. 이것도 정보라면 정보다. 적어도 시골길을 방랑하며 특정 장르를 부르다가 갑자기 멈출 필요는 없다는 사실을 알게 되었으니 말이다. 지금부터 더 중대한, 생사가 오갈 수도 있는 정보를 알려주겠다. 바다에서 스노클링이나 잠수를 할 때 음악이 들리면 얼른 자리를 피하자! 음악이 피에 굶주린 상어들을 끌어모으기 때문이다. 실험 결과가 그렇게 나왔다.

연구자들은 수중 스피커를 설치한 뒤 AC/DC의 노래를 상어들에게 들려줬다. 플레이리스트에는 〈유 슈크 미 올 나이트 롱 You shook me all night long〉, 〈이프 유 원트 블러드(유브 갓 잇)If you want blood(You've got it)〉 같은 노래들이 포함되어 있었다. 상어들한테 딱 어울리는 노래니 별다른 불만은 제기하지 않겠다. 어쨌든 실험 결과, 상어가 떼로 몰려와서 스피커에 몸을 비볐다고 한다. 실험자들은 헤비메탈 음악 중 몇 소절이 내뿜는 특정 주파수가 상어 먹이인 물고기들이 살아남기 위해 필사적으로 도주할 때 내는 소리의 주파수와 비슷하다고 했다. AC/DC조차 자신들이 그토록 큰 성공을 거둔 비결이 뜻밖의 효과에 있다는 건 몰랐을 것이다.

곤충도 음악에 반응한다

곤충과 상어의 공통점은 무엇일까? 그건 바로 기타를 부수는 듯한 굉음에 열광한다는 것이다. 흰개미들은 헤비메탈을 들을 때 평소보다 두 배나 빠른 속도로 나무를 갉아 먹는다. 1968년 플로리다에서 실제로 나무를 갉아 먹는 해충인 흰개미들에게 록을 들려준 적이 있었다. 연구자들은 이제 막 떠오르기 시작한 헤비메탈이라는 장르를 선택했고, 헤비메탈에서 주로 쓰는 주파수가 흰개미로 하여금 나무를 더 빨리 갉아 먹게 만든다는 결론에 도달했다.

그러나 무당벌레에게는 록이 통하지 않는 모양이다. 안 통하는 정도가 아니라 오히려 입맛을 뚝 떨어뜨리는 것 같다. 18시간 동안 AC/DC의 노래를 들은 무당벌레들은 평소보다 절반가량의 진딧물만 잡아먹었다. 미시시피 주립대학교의 연구팀의 발표다.

황열병이나 뎅기열 등을 일으키는 이집트 숲 모기는 음악을 정말 싫어한다. 음악을 들려주면 교미 횟수가 평소의 5분의 1로 줄어들고, '일'하고 싶은 의욕, 즉 사람을 물거나 찌르고 싶은 욕구도 확연히 떨어진다고 한다. 태국의 어느 연구팀이 숲 모기들에게 스크릴렉스Skrillex의 노래를 들려주었다. 일렉트로와 덥스텝, 트랩trap 같은 음악을 들려준 것이다. 참고로 스크릴렉스의 음악은 대개 다이내믹하고, 들으면 어깨춤이 절로 난다. 혹시 언젠가 집에서 스크릴렉스의 노래를 들으며 파티를 즐기는데 이웃 집에서 항의가 들어오면 오직 모기를 쫓기 위한 목적으로 틀어 놓은 것이라고 둘러대기 바란다.

반려동물도 음악을 좋아할까?

독일에서는 반려동물의 수가 총 3천 400만 마리에 달하고, 고양이와 강아지가 압도적으로 상위권을 차지한다. 고양이가 피아노를 치거나 강아지가 주인과 함께 듀엣곡을 부르는 장면은 이제 온라인에서 흔히 볼 수 있게 되었다. 골든 리트리버가 〈네순 도르마Nessun dorma〉를 파바로티와 함께 '부르는(?)' 멋진 영상도 검색만 하면 바로 감상할 수 있다. 그 영상을 보고 어떻게 '불렀다'라는 표현을 쓸 수 있느냐고 항의하는 사람도 많다. 그저 소리를 내질렀을 뿐이라는 것이다. 틀렸다고 말하지 않겠다. 하지만 적어도 골든 리트리버는 파바로티가 긴 호흡으로 내뱉은 사운드에 '화답'했다. 좀 더 정확히 말하자면 '울부짖은' 것이었다. 늑대들은 무리가 차지한 영역을 과시하기 위해, 혹은 사냥을 앞두고 울부짖는다. 위용을 드러내려는 울부짖음이다. 우리가 키우는 반려견도 어느 날 노래를 부르고 난 뒤 입맛을 다실 수도 있다. 노래가 곧 간식을 어서 내놓으라는 신호로 작용할 수도 있는 것이다.

고양이들은 피아노를 특히 좋아한다. 왜냐, 반응이 있으니까! 자그마한 발톱으로 건반을 누를 때마다 소리가 나는 걸 신기해하는 것이다. 쥐들도 비슷한 반응을 보인다고 한다. 게다가 고양이들은 살아 있는 먹잇감 사냥하기를 즐긴다. 고양이들이 피아노 위에서 노는 이유가 사냥 실력을 다지기 위해서라고 말하는 동물행동학자도 있다. 오랫동안 굶주려 배가 극도로 고픈 고양이들은 그러한 행동을 보이지 않지만 반려묘들은 상황이 다르다. 대개는 가만히 있어도 먹을 것이 주어지기 때문에 진짜 사냥보다는 사냥 훈련에 본능적으로 관심을 가진다. 고양이들에게 피아노 건반은 놀면서 사냥 실력을 늘게 해주는 장난감이다.

주인(혹은 집사)이 부르는 노랫소리를 듣고 다가온 고양이가 주인과 신체 접촉을 한다고 치자. 이때 주인이 노래를 부를 때 뿜어나오는 긍정적인 에너지가 고양이에게도 전달될지 모를 일이다. 어딘가에서 흘러나오는 음악을 들을 때도 마찬가지다. 반려동물은 대체로 음악을 좋아하는 듯하다. 들으면 기분이 좋아지는 음악이 따로 있는 것 같기도 하다. 물론 예외도 있다. 시끄러운 음악이나 고막이 찢어질 듯한 주파수는 싫어한다.

영국의 글래스고대학교 연구팀은 주변에 사람은 없이 음악만 흘러나올 때 동물이 어떤 반응을 보이는지 알고자 했다. 이를 위해 동물 보호소나 동물 보호 단체와 손을 잡았다. 그 결과 소프트 록과 레게 음악을 틀었을 때 매우 긍정적인 반응을 보이는 것을 관찰할 수 있었다. 단 동물마다 반응에 큰 차이가 있었다. 어떤 동물들은 음악을 듣고 얌전해졌으나 음악에 전혀 관심을 보이지 않는 동물도 있었고 음악 때문에 어리둥절해하며 혼란에 빠지는 동물도 있었다.

하지만 긍정적으로 반응했다고 해도, 이 또한 음악 그 자체보다는 이전의 상황에서 비롯되었을 공산이 크다. 이전에 좋은 사람들과 긍정적 접촉을 가진 덕분에 음악에 대해서도 호의적인 반응을 보인 것일 수 있다. 일반적으로 반려동물들은 조용한 공간을 더 선호한다. 헤비메탈을 즐겨 듣는 상어와는 아무래도 음악적 취향이 조금 다른 듯하다.

원숭이와 음악

원숭이에게 음악을 들려주는 실험을 하며 연구진들은 인간의 음악적 취향이나 반응을 더 깊이 파고들 수 있는 단서를 찾으리라 기대했다. 다들 알다시피 원숭이는 인간과 가장 가까운 동물로 알려져 있기 때문이었다. 하지만 결과는 실망스러웠다. 원숭이는 다른 동물에 비해 음악에 무덤덤하게 반응했다.

연구진은 원숭이들에게 서로 다른 음악이 흘러나오는 방 중 하나를 선택하게 한 뒤 원숭이들이 해당 방에 머무르는 시간을 체크했다. 원숭이들은 조용한 음악이 나오는 방을 선호했고, 더 고요한 음악일수록 방에 더 오래 머물렀다. 음악의 종류는 아무런 영향을 미치지 못했다. 모차르트를 틀어놓은 방이나 귀에 거슬리는 불협화음을 틀어놓은 방이나 결과에는 큰 차이가 없었다. 리듬도 별 영향을 주지 않았다. 차라리 도구를 이용해 호두 껍질을 까는 소리가 효과가 더 좋았다. 박자와 리듬을 아무리 바꿔봐도 원숭이들은 이렇다 할 반응을 보이지 않은 것이다. 하지만 여기에 반응하는 동물도 있다. 이제 곧 등장할 동물이 그 주인공이다.

리듬을 타는 앵무새

동물의 음악적 감각을 연구하는 이들 사이에서 스노볼Snowball은 유명 스타다. 유튜브에서도 높은 인기를 구가하고 있다. 펑크족 스타일의 노란 벼슬을 왕관처럼 달고 있는 앵무새 스노볼은 퀸의 〈어나더 원 바이츠 더 더스트Another one bites the dust〉나 마이클 잭슨의 노래에 맞춰 춤추며 수백만 팬들의 눈길을 사로잡았다. 스노볼은 2009년부터 선풍적 인기를 끌기 시작해 2019년에는 스노볼의 안무를 열네 가지로 분석한 논문까지 등장했다. 개중에는 사람의 동작을 그대로 모방한 것도 있다. 카메라 뒤에서 누군가가 취하는 동작을 보며 그대로 따라 한 것이다. 영상만 보면 모든 게 스노볼의 창작처럼 보이지만, 그 퍼포먼스를 도와준 안

무가가 있었던 듯하다. 앵무새들은 소리뿐 아니라 동작도 따라 한다. 그게 앵무새들의 본성이요 타고난 사회성이다. 그런데 스노볼은 놀랍게도 자기만의 안무도 고안해 냈다. 리듬을 타며 즉흥적으로 무언가를 창작해 내는 능력은 인간의 전유물이 아니었다.

여기까지가 2019년 스노볼의 안무를 연구한 네 명의 학자가 학술지 《현대 생물학Current Biology》에 발표한 내용이다. 하지만 앵무새의 안무 창작 능력에는 전제 조건이 붙는다. 운동 피질motor cortex이 매우 발달한 앵무새라야 스스로 안무를 짤 수 있다는 것이다. 지금도 생물학자들은 동물의 '댄스 능력'을 작은 기적이라 말한다. 하지만 어떠한 메커니즘으로 그 능력이 발동되는지는 아직 학술적으로 완벽하게 밝혀내지 못했다.

동물도 노래를 부를까?

새들이 지저귀는 소리는 우리 마음을 따뜻하게 해준다. 요즘은 원하면 언제든지 들을 수도 있다. 예컨대 새소리 오르골을 욕실에 비치해 두고 따뜻한 물을 채운 욕조에서 들으며 힐링 타임을 갖는 이들도 많다. 그보다 더 아날로그적인 방식이 좋아서 실제로 새를 키우는 이들도 있다. 그런데 새소리를 과연 음악이라 부를 수 있을까?

동물 행동학자 중에는 새소리는 음악이 아니라고 말하는 이도 있다. 새들이 의도적으로 특정 소리나 음정을 내는 게 아니기 때문이다. 나는 이에 동의하지 않는다. 인간 세계에도 별 뜻 없이, 특별한 의도를 가지지 않고 노래를 부르는 이들이 아주 많기 때문이다. 나는 동물들이 내는 소리가 충분히 음악적이라 생각한다. 지금부터 그 근거를 구체적 사례를 들어 조목조목 살펴보겠다.

개구리 합창

'개구리 합창'이라는 말이 괜히 나온 게 아니다. 양서류에 속하는 작은 동물인 개구리는 연미복이나 턱시도를 차려입지도, 손에 악기를 들고 있지도 않지만 그들의 울음소리를 듣다 보면 합창단이, 더 나아가 교향악단이 떠오른다. 부드럽게, 천천히 시작한 연주가 어느덧 눈덩이처럼 커지면서 불꽃놀이를 방불케 하는 교향곡으로 발전한다. 구스타프 말러Gustav Mahler가 울고 갈 지경이다. '단원'들은 대개 수컷 개구리인데, 이 또한 필하모닉 오케스트라와 비슷하다. 세계적으로 이름난 오케스트라 단원들이 대개 나이가 좀 있는 백인 남성들이었던 것과 유사하게 '개구리 교향악단' 단원도 나이가 지긋한, 수컷 초록 개구리가 대부분이다. 정확한 '연세'는 알 수 없지만, 수컷이 99퍼센트 이상인 것은 확실하다.

개구리 합창단은 허세도 대단하다. 일부러 더 우렁차게 노래를 부른다. 그래야 암컷의 마음을 살 확률이 높아지기 때문이다. 콘서트 장소는 물가다. 클래식 문외한이라면 교향곡 대신 대규모 로큰롤 축제를 떠올리면 감이 올 것이다. 암컷 개구리는 목소리가 큰 수컷 개구리의 유전자가 더 뛰어나다고 생각하는 듯하다.

뇌섹남 고래

고래로 눈길을 돌리면 이야기가 달라진다. 고래 세계에서는 성량보다는 창의적 멜로디가 더 인정받는다. 암컷 고래는 섬세한 멜로디에 열광한다. 재즈를 즐겨 듣거나 애드리브, 즉 즉흥 연주에 강점을 보이는 수컷 고래라면 일단 점수를 따고 들어간다고 보면 된다. 암컷 고래들은 '뇌섹남'을 좋아한다. 뛰어난 두뇌에 예민한 감각을 지녔다면 자기를 먹여 살릴 능력이 있다고 본다. 먹잇감이 많은 지역을 탐지하는 능력과 뛰어난 의사소통 능력을 같은 선상에 놓고 보는 것이다. 지능이 높은 고래들은 표현력도 뛰어날 것이고, 장차 태어날 새끼 고래들도 분명 그 유전자의 덕을 볼 것이라 여기는 건 당연한 이치다.

동물계의 배리 화이트

코알라 세계에서 쳐주는 능력은 고래와는 또 다르다. 코알라들에게는 성량이나 창의성보다 더 중요한 게 있다. '묵직한 저음'

이 바로 그것이다. 코알라들은 평소에 중고음 정도의 톤으로 의사소통을 한다. 지나치게 새되지도 너무 깊지도 않은, 대체로 얌전한 울음소리를 상상하면 된다. 수다스럽지도 않다. 코알라들은 대체로 과묵한 편이다. 그러다가 암컷의 마음을 사로잡고 싶을 때 수컷은 배리 화이트의 목소리를 동원한다. 진짜로 그 목소리가 저 귀여운 동물한테서 나온 건지 의심스러울 정도로 굵고 깊은 울음소리가 흘러나온다.

사람이 듣지 못하는 동물 소리

수컷 쥐들은 짝짓기 욕구가 샘솟으면 위대한 뮤지션으로 변신한다. 하지만 이 설치류 동물의 소리를 우리 귀로 들을 기회는 거의 없다. 인간의 청각이 감지하지 못하는 초음파 영역, 즉 진동수 3만~10만 헤르츠 영역대에 속하기 때문이다. 그런데 그 소리를 인위적으로 채집해 분석해 보면 마치 팝송처럼 도입부와 후렴구가 나뉘어 있다고 한다. 더욱 신기한 건 대개 이 '노래'는 암컷의 유혹이 있을 때 들을 수 있다는 사실이다. 여기에서 말하는 암컷의 유혹은 배설물, 좀 더 구체적으로 말해 소변이다. 두 학자가 특수 마이크를 이용해 쥐들의 울음소리를 분석했고, 그 결과를 《플로스 생물학PLOS Biology》에 발표했다. 두 학자는 비록 인간의 귀로 들을 수는 없지만 동물 세계에서만큼은 쥐들의 노래 실력이 결코 새들의 가창력에 뒤지지 않는다고 확신했다.

동물계의 진정한 가수들

지금까지 알려진 학술 정보에 따르면 노래를 부르는 새들의 종류가 약 5천 700종에 달한다고 한다. 생물학자들의 주장이 그러하다. 조류학 발전에 결정적으로 기여한 학자 중 유명인이 한 명 있다. 제임스 본드James Bond다. 우리가 다 알고 있는 그 영화의 주인공 제임스 본드와도 관련이 있는 인물이다. 007 시리즈의 원작 소설가는 실존 인물이자 조류학자인 제임스 본드가 쓴 조류학 관련 책을 읽고 영감을 받아 제임스 본드라는 이름을 차용했다고 한다.

제임스 본드는 조류학 발전에 큰 공을 세웠다. 연구 방식도 매우 독특했다. 다양한 새들의 행동 양식이나 울음소리를 채집하고 분석한 것까지는 흔히 상상할 수 있는 영역에 속한다. 어느 학자나 다 취하는 방식이다. 그런데 본드는 연구 대상이었던 새를 먹었다! 자신이 연구한 각종 조류 중 적어도 한 마리씩은 시식했다고 한다.

인류는 예부터 새를 좋아했다. 13세기에 이미 조류에 관한 학술 논문이 있었을 정도로 새들은 인류의 친구였다. 최초의 작품이 무엇인지는 알 수 없지만, 적어도 1500년경부터는 새소리를 모방하여 노래를 만들려는 시도들이 있었다. 클레망 잔캥Clément Janequin의 〈새들의 노래Le chant des oyseaux〉는 지금도 악보가 보존되어 있다. 파트별 악보를 모아놓은 총보 형식인데, 해당 곡을 들으면 자연스럽게 꾀꼬리를 떠올리게 된다. 모차르트도 〈아이네 클라이네 나흐트무지크〉를 쓸 무렵 찌르레기 한 마리를 길렀다고 한다. 찌르레기는 성대모사계의 '마에스트로'다. 주전자에서 물이 끓는 소리도 따라 할 수 있고, 개 짖는 소리도 진짜라고 착각할 정도로 똑같이 흉내 낸다. 직접 '만든' 노래를 부르기도 한다. 만약 그 찌르레기가 〈아이네 클라이네 나흐트무지크〉에 대해 표절 시비를 건다면 세기의 표절 스캔들로 발전하지 않을까? 모차르트의 또 다른 곡 〈마술피리〉도 잘 들으면 꾀꼬리 소리를 표절한 듯한 느낌이 든다. 꾀꼬리는 '명가수'의 대명사로 불릴 만큼 훌륭한 노래 실력의 소유자로 200개가 넘는 소절을 부를 수 있을 정도라 한다. 그런데 나는 새 위에 더 높이 나는 새가 있다. 갈색 개똥지빠귀는 레퍼토리가 심지어 2천 곡에 달한다고 한다.

 2천 곡은 정말 대단한 수치다. 간단히 비교해 볼까? 비틀즈가 첫 앨범을 낸 뒤부터 발표한 곡들을 전부 다 모아도 500곡이다. 500곡도 엄청난 숫자다. 하지만 비틀즈는 음악사를 통틀어 가장 큰 성공을 거둔 '밴드'였다. 수컷 갈색 개똥지빠귀는 '솔로 가수'다. 찌르레기처럼 모창도 잘한다. 같은 지역을 누비는 다른 조류들이 내는 소리 중 갈색 개똥지빠귀가 거의 똑같이 따라할 수 있는 소리가 150개에 달한다고 한다.

 대륙 검은지빠귀는 '시장에 가면 ~도 있고, ~도 있고' 게임도 할 수 있다고 한다. 실제로 그 게임을 하는 건 아니지만 원리가 비슷하다. 암컷이 어떤 멜로디를 선창한다. 그러면 수컷 두 마리 중 한 마리가 그 멜로디를 그대로 따라 한 뒤 다른 멜로디 하나를 추가한다. 그러다가 앞 멜로디들을 기억 못 하거나 새 멜로디를 추가하지 못하면 '교미 게임'에서 탈락한다. 대륙 검은지빠귀들은 이 게임을 위해 나름대로 적절한 공간을 찾기도 한다. 숲속 빈터 중 짝짓기에 알맞은 공간을 고르는 것이다. 이게 다가 아니다. 자신들이 보기에 최상의 조명(햇빛)이 비칠 때 비로소 게임을 시작한다. 요즘 웬만한 인플루언서들이 그렇듯 조명의 힘까지 꿰뚫고 있는 것이다!

새들의 가창 세계에서 가장 감동적인 이야기는 파나마에서 흘러나왔다. 파나마에 서식하는 어떤 굴뚝새들 이야기인데, 암컷이 노래를 부르기 시작하면 수많은 수컷들이 모여들어 구애를 시작한다. 그러다가 암컷이 수컷 하나를 간택하면 둘이 같이 그 멜로디를 부른다. 이게 끝이 아니다. 그 둘이 짝짓기를 한 뒤 암컷이 한 소절을 더 부른다. 이 소절의 의미가 중요하다. 나머지 수컷들은 '나가떨어져라', '앞으로 내 주변에 얼씬도 하지 마라'는 뜻이다. 이 멜로디는 앞으로 굴뚝새 커플이 평생 일부일처제로 살아가기 위한 밑바탕이자 보금자리가 될 것이다.

새들이, 혹은 다른 동물들이 알고 부르는지 모르고 부르는지 인간이 알 수는 없지만, 동물들이 내는 소리는 충분히 아름답다.

인간 : 천재가 되고 싶다면 따라 할 만한 괴벽들

나는 베토벤을 사랑한다.
특히 베토벤의 시詩를 사랑한다.
- 링고 스타 Ringo Starr(1940~)

천재와 괴짜 사이의 간극은 생각보다 크지 않다. '아무래도 난 정신이 좀 이상한 것 같아'라는 생각이 가끔씩 든다면 클래식이나 팝계의 진짜 천재들이 얼마나 '해괴한지' 확인하기 바란다. 그러면 안심이 된다. 머라이어 캐리가 호텔에 투숙할 때 어떤 요구들을 했는지부터 알아보라. 어딘가에 투숙할 때 개인적 사정으로 가짜 이름을 쓸 때가 있다. 그런 경우라 하더라도 디제이 보보는 무조건 피해야 한다. 자칫하다가는 전망 좋은 방을 배정받기는커녕 투숙조차 거절당할 수도 있다. 한편 첩보기관 소속으로 활동하면서 악기를 발명할 정도로 창의적인 사람도 있었고, 타이완의 환경미화원들은 하루 종일 클래식 음악을 듣는다고 한다.

음악을 하는 사람들이 창의적인 이유

마술사들은 소맷부리에서 갑자기 무언가를 뚝딱 꺼내곤 한다. 그러려면 그 무언가를 미리 어딘가에 숨겨둬야만 한다. 제아무리 뛰어난 마술사라 하더라도 무無에서 유有를 만들어낼 수는 없다. 창의력도 마찬가지다. 스펀지처럼 정보와 지식을 빨아들이는 뇌가 있어야 창의적인 아이디어를 낼 수 있다. 작곡가들에게는 창의성을 발휘하는 게 일상에 가깝다.

피아노 초보자라면 누구나 알고 있는 곡이 있다. 그중 하나가 〈나의 작은 오리들Alle meine Entchen〉이라는 동요다. 매우 단순한 곡으로, 피아노 초보자도 쉽게 칠 수 있다. '도-레-미-파-솔-라', 이 여섯 음만 알면 연주할 수 있다. 하얀 건반 여섯 개만 알면 동요 하나를 뚝딱 칠 수 있는 것이다. 몇 개의 음정만 알아도 칠 수 있는 이런 노래들을 만들겠다는 아이디어는 대체 어떤 창의적인 사람이 냈을까?

외국어를 배우는 것이 창의력 발달에 도움이 된다고 한다. 새로운 시각을 갖게 해주기 때문이다. 달을 독일어로는 몬트Mond라 하고, 스페인어로는 루나luna라고 한다. 몬트는 남성 명사고 루나는 여성 명사다. 이런 미묘한 차이를 인식하며 우리 뇌는 자극을 받고, 그 자극을 통해 세상과 사물을 이전과는 다른 시각으로 바라본다. 눈길을 음악 분야로 돌려도 비슷한 원리를 발견할 수 있다. 전자 음악에만 심취해 있는 작곡가보다는 재즈도 이해하는 사람이 더 참신한 아이디어를 내놓는다.

가끔은 일상에서 벗어나 아예 다른 세계를 경험하는 것이 좋다. 알반 베르크Alban Berg, 요하네스 브람스, 요제프 하이든, 아바ABBA 등 유명 작곡가나 팝 스타 중에는 자기만의 작업실을 따로 둔 이들이 많았다. 집이 아닌 다른 곳에 방을 하나 구해서 그곳에서 곡을 쓴 것이다. 베토벤은 이보다 더 극단적인 길을 택했다. 새로운 환경에서 작업하기 위해 아예 거주지를 옮겨 다녔다. 당시 빈 주민 센터의 기록에 따르면 베토벤은 무려 69차례나 이사했다고 한다.

괴짜 같은 행동을 하라고 부추기고 싶은 마음은 추호도 없다. 누가 봐도 엉뚱한 행동은 더더욱 금물이다. 하지만 클래식과 팝계의 유명인들이 평범한 사람의 눈에는 이상하게 보이는 행동을 많이 한 것은 사실이고, 이와 같은 '별스러움'에서 특별한 아이디어가 나왔을 수도 있다. 그들의 생각과 행동, 감정은 분명 남달랐다. 도저히 못 참겠다면 독자들도 직접 실행에 옮겨보라. 원한다면 비난의 중심에 서고 의심의 눈초리를 온몸으로 받아보는 것도 나쁘지 않다. 단 한 가지 조건이 있다. 그러다 간혹 세계적 히트송 한 개쯤은 뚝딱 만들어내야 한다. 그래야 세상이 내 괴벽을 천재성으로 착각해 줄 테니까!

클래식계의 괴짜들

작곡가 중에는 말 그대로 '높은 곳에 우뚝 서 있는' 이들이 상당히 많다. 전 세계 곳곳에서 유명 음악인들의 동상이나 흉상을 꽤 자주 볼 수 있는데 다들 표정이 심상치 않다. 저 높은 곳에서 '아랫것'들을 내려다보며 마치 '내가 지금 이러고 있을 때가 아닌데, 더 중요한 일이 있는데…'라며 심각한 고민에 빠져 있는 표정이다. 표정에서 뿜어나오는 우월감과 자신감도 상당하다. 당장 배가 고파 빵 한 조각을 베어 물고 있는 동상이나 흉상은 한 번도 본 적이 없다.

좀 배웠다 하는 이들 사이에서 유럽 출신의 남자 백인 작곡가들은 세상에 둘도 없는 천재쯤으로 칭송받는다. 오직 예술적 혼만 불태우다 간 사람, 머릿속을 가득 채우고 있던 영감으로 불멸의 작품을 써 내려간 사람들인 것이다. 그런데 예술혼 뒤를 살짝 들여다보면 꼭 그렇지도 않다는 사실을 알 수 있다.

요한 제바스티안 바흐는 매우 천재적인 기술을 자주 썼다. 요즘 말로 바꾸면 '표절'이라 부르는 기술 말이다. 표절이라는 단정적인 표현이 듣기 싫은 이들을 위해 '다른 사람의 작품에서 매우 많은 영감을 얻었다'쯤으로 순화해서 말할 수도 있다. 음악계에는 바흐의 위대한 창작 능력을 의심의 눈초리로 바라보는 이들이 적지 않다.

바흐는 셀 수 없을 만큼 많은 작품을 남겼다. 그만큼 많은 작품을 남기려면 머릿속에 떠오른 악상을 악보에 옮긴 뒤 수정할 시간조차 없었을 것이다. 거짓말을 조금 보태자면 1분에 한 곡씩 썼다고 해도 과언이 아니다. 바흐는 미사, 결혼식, 장례식, 헌당식 등 다양한 용도의 작품을 썼다. 모두 의뢰를 받고 쓴 곡들이었다. 대부분이 유료 의뢰였다. 지나친 말이라 생각하겠지만, 바흐는 한마디로 '업자'였다. 그래서인지 그는 물밀 듯 몰려드는 작품 의뢰를 감당하기 위해 베끼기 기술을 장착했다. 본인의 작품 중 일부를 재활용하기도 했고, 남의 작품을 '차용'하기도 했다.

누구나 첫 소절만 들으면 "아, 이 곡!"을 외칠 만큼 유명한 〈토카타와 푸가 D단조, 작품 565번〉이 백 퍼센트 바흐의 머리에서 나온 순수 창작품이냐 표절이냐를 둘러싼 의혹이 지금까지도 이어지고 있다. 개인적으로 전자가 맞기를 바랄 뿐이다.

베토벤은 표절 시비에 휘말린 적이 없다. 그렇지만 베토벤 스스로 자신의 작품에 표절 의혹을 제기한 적은 있다. 오케스트라를 위해 쓴 어느 스코어 악보 귀퉁이에 "이 부분은 모차르트의 C… 교향곡을 그대로 베낀 것 같다"라는 메모를 적어둔 것이다. 베토벤이 틀렸다. 베토벤은 모차르트의 작품을 도둑질하지 않았다. 하지만 베토벤은 이와 아예 다른 분야에서 괴짜 기질을 유감없이 발휘했다. 베토벤은 작품에 대한 영감이 떠오르지 않을 때마다 얼음처럼 차가운 물을 양동이에 가득 받은 뒤 자기 머리 위로 쏟아부었다고 한다. 베토벤만의 '아이스 버킷 챌린지'였다고 할 수 있겠다.

베토벤은 또 저장 강박증 환자였다. 밤마다 큰 소리로 음악을 들었고, 집 안 곳곳에 잡동사니들을 쌓아두었다. 그러다가 어느 날 훌쩍 집을 나가버리기도 하고, 그런데도 성이 차지 않으면 언제든지 이삿짐을 쌌다. 다른 종류의 강박 관념도 갖고 있었다. 아침이면 정확히 커피콩 60개를 센 뒤 그것을 갈아 커피를 내려 마셨다. 연애 패턴은 집 상태와 마찬가지로 혼돈 그 자체였다. 늘 새로운 사랑에 빠졌고, 그중 대부분은 좋지 않게 끝났다. 베토벤에게 개인적으로 피아노 레슨을 받은 학생들이 꽤 많았는데, 베토벤 처지로는 감히 넘보기 힘든 부잣집 자제들이었다. 그중 몇몇 여학생에게는 연애편지도 보냈다. 그중 하나만 엿보자면 다음과 같다.

나의 천사, 나의 모든 것, 내 자신인 이여, (…)
침대에 누워 있어도 그대를 향한 불멸의 사랑, 그대 생각이 밀려드오.
어딜 가도 기쁘기 그지없지만, 그러다가 다시 또 슬퍼지지.
운명이 우리의 소원을 들어주기를 고대하고 있을 뿐이오.
나는 당신이 함께하면 살 수 있고, 그렇지 않으면 살 수 없는 존재라오. (…)

그러다 진짜로 어떤 여성에게 '필'이 꽂히면 그를 위한 곡을 써서 바쳤다. 여기까지는 그나마 납득이 간다. 작곡가가 연인에게 곡을 바치는 행위는 심지어 달콤하기까지 하다. 문제는 '주파수'가 너무 높았다는 것이다. 너무 급작스럽게 들이대면 상대방은 겁에 질려 한 발짝 뒤로 물러나곤 하는데, 베토벤은 이 사실을 잘 몰랐던 듯하다. 베토벤 시절에 틴더 같은 데이팅 앱이 없었던 게 얼마나 다행인지 모른다. 만약 그런 게 있었다면 베토벤은 아마 곡을 쓸 시간조차 없었을 것이다.

모차르트도 상업성 짙은 곡들을 써야 한다는 사실을 잘 알았다. 요즘 식으로 말하자면 '유행가'를 써야 돈이 된다는 사실을 꿰뚫고 있었던 것이다. 아버지 레오폴트Leopold는 아들에게 보내는 편지에서 "대중성도 중요하다는 사실을 명심하거라. '귀가 긴 사람'들도 좋아할 만한 곡을 써야 해"라고 충고했다. 레오폴트가 말한 귀가 긴 사람이란 '무식한 대중'이었다. 감히 대중을 깔봤다는 점이 괘씸하지만, 요즘도 크게 달라지지 않았다. 지금도 수많은 녹음실과 음반사 회의실에서 비슷한 말들이 오가고 있다. 참고로 모차르트는 키가 160센티미터밖에 되지 않았다. 또한 패션 취향이 매우 독특했다. 전체 지출 중 의류 구입비가 상당한 비중을 차지했다. 모차르트와 같은 시대를 살았던 이가 남긴 어느 기록에 따르면 모차르트는 고양이를 흉내 내는 것을 즐겼다고 한다. 연습 장면이나 리허설을 보다가 지겨울 때면 가끔 의자나 탁자 위에 올라가서 "야옹!" 소리를 냈다고 한다.

에드바르 그리그Edvard Grieg는 미신을 추종했다. 무대에 오를 때마다 점토로 만든 개구리 인형을 빠뜨리지 않았다. 일종의 '안심 인형'이었다. 그 개구리는 아마도 그리그가 입고 있는 연미복 주머니 안에 똬리를 틀고 앉아 있었을 것이다. 그리그는 오늘날 그의 대표작이라 할 수 있는 〈페르 귄트 모음곡 제1번, 작품 46번〉 중 네 번째 곡 '산 속 마왕의 궁전에서In the hall of the mountain king'를 스스로 혹평했다. 얼마나 가치 없는 비판이었는지 살펴보자.

나 자신도 도저히 들어줄 수 없을 정도다.
소똥 냄새가 나는, 너무나도 노르웨이풍의, 오직 자기만족만을 위한 곡 같다!

예술가 중 본인 작품을 이만큼 난도질하는 경우는 많지 않다. 그건 그렇고 그리그도 작업에 조용히 몰두하기 위해 따로 작업실을 마련한 적이 있다. 평생에 걸쳐 두 번 작업실을 마련했는데, 법률상 아내에게도 그 작업실은 출입 금지 공간이었다. 가사를 돌봐주는 여성 한 명만이 그곳을 수시로 들락날락할 수 있었다. 이 여성과 그리그가 불륜 관계였다는 소문이 파다했다. 그리그는 작업실을 벗어날 때가 거의 없었는데, 이것이 작품에 대한 불타는 열정 때문이었다고 믿는 이는 많지 않다. 불은 다른 곳에서 타올랐을 것이라 의심하는 이들이 더 많다. 어쨌든 그리그는 아내의 독촉에 결국 작업실을 정리할 수밖에 없었다고 한다.

악기를 발명한 스파이

음악계의 괴짜 중 빠질 수 없는 인물이 있다. 훗날 레온 테레민 Leon Theremin이라는 이름으로 음악과 미디어의 역사에 이름을 뚜렷이 아로새긴 레브 세르게예비치 테르멘Lew Sergejewitsch Termen이 그 주인공이다.

레온 테레민은 1896년 상트페테르부르크에서 태어났다. 스물네 살이 되던 1920년, 그는 물리적 접촉 없이도 연주할 수 있는 세계 최초의 악기 테레민teremin을 발명했다. 물리적 접촉을 완전히 배제한 채 연주할 수 있는 또 다른 악기는 지금까지도 나오지 않았다. 테레민 연주자는 안테나 주변에서 양손을 휘저으며 전기장에 영향을 미치는 것으로 소리를 만들어내고, 스피커를 통해 소리를 증폭시킨다. 두 안테나 사이에서 간섭을 유발하여 음의 높낮이나 볼륨을 조절하는 것이다. 그런데 음과 음 사이의 구분이 확연하지는 않다. 한 음에서 다른 음으로 '질질 끌듯이' 이동한다. 그래서 익숙하지 않은 이가 연주하는 소리를 들으면 웃음이 터지거나 공포심이 들 수 있다. 어쩌면 둘 다일 수도 있다. 바이올린을 처음 손에 잡은 사람이 내는 소리를 떠올리면 대충 어떤 소리인지 감이 올 것이다.

하지만 바이올린과 테레민 사이에는 무시할 수 없는 차이가 있다. 테레민은 어떤 면에서 마술과 비슷한 점이 있다. 아무것도 없는 공간에서 양손을 휘젓는 것만으로 다양한 소리와 다양한 뉘앙스를 만들어내다 보면 다스 베이더나 해리 포터가 된 기분이 든다. 손으로 부리는 마술은 예부터 수많은 사람을 열광의 도가니로 몰아넣었다. 그 광경을 보며 탄성을 내지르지 않은 이가 드물 정도였다. 이런 점을 감안하면 신기한 소리를 내는 테레민의 인기는 떼어놓은 당상이었다. 전 세계에서 순회공연을 할 정도였다.

1927년, 세계 최초의 발명품인 테레민을 활용한 데뷔 공연이 파리에서 화려하게 막을 올렸다. 파리 오페라 극장 앞은 그야말로 북새통을 이루었고, 여기저기에서 크고 작은 사건들이 벌어졌다. 사운드 기술에 대한 호기심에 티켓을 구하려 했으나 실패한 사람들이 속출했고, 표를 구하지 못해 분노한 관중과 경찰 사이에 폭력 시비가 벌어지기도 했다.

테레민은 자신이 발명한 악기의 명성을 타고 유럽 전역을 누비다가 나중에는 미국에도 진출했다. 수많은 나라를 돌아다니며 최신 정보를 절대 놓치지 않고 싶어 하는 학자들도 무수히 만났다. 그런데 이 때문에 러시아 첩보국의 레이더망에 걸려들고 말았다. KGB는 테레민을 이용해 신기술에 대한 정보를 입수하고

자 했고, 테레민은 자신이 보유한 기술적 지식을 전부 동원해 수동형 도청기를 제작했다. 세계 최초의 패시브 방식 도청기였다. KGB는 해당 기기로 소련 내 미국 대사관들을 도청했다. 참고로 여기에서 말하는 패시브 방식은 배터리나 기타 외부 에너지원 없이 돌아간다는 뜻이다. 테레민이 고안한 패시브 도청기는 진동막 하나를 지니고 있는데, 멀리 떨어진 곳, 심지어 건물 밖에서도 그 진동막에서 나오는 신호를 감지할 수 있었다고 한다. 테레민은 소리를 만들어내는 방법뿐 아니라 소리를 포착하는 기술도 꿰뚫고 있었던 것이다. 주모스크바 미국 대사관은 7년 동안이나 도청기의 존재를 알지 못했고, 1945년부터 1952년까지 도청기는 소련 당국에 다양한 정보를 충실히 전달했다.

20세기 중반, 뉴욕 출신의 전자 공학자 로버트 모그Robert Moog가 테레민의 업그레이드 버전을 공개했다. 테레민이라는 악기의 원리에 관심을 갖다가 비슷한 전자 악기 하나를 직접 발명한 것이다. 모그가 만든 신시사이저는 음악사에 새로운 장을 추가했다. 1966년, 비치 보이즈Beach Boys는 모그의 신시사이저를 이용해 음악사에 길이 남을 세계적 히트송 〈굿 바이브레이션스〉를 발표했다. 곡의 후렴구에 테레민을 사용했는데, 이 곡이 스테디셀러가 될 수 있었던 토대가 바로 여기에 있다고 해도 과언이 아니다. 로큰롤계의 굳건한 바위, 로큰롤의 개척자 중 하나라 불러도 손색이 없을 영국 하드 록 밴드 레드 제플린이 1969년 발표한 〈훌

로타 러브Whole lotta love〉에도 테레민이 활용되었다. 로큰롤계의 '애국가'라 해도 반발이 거의 없을 만큼 명곡인 이 곡에서는 후렴구가 아닌 간주 부분에 테레민이 등장한다.

1920년대에 발명된 테레민이 전자 음악의 시대를 알리는 신호탄을 쏘아 올린 것은 사실이다. 테레민의 발명자인 레온 테레민의 화려한 인생 역정 혹은 험난한 인생 역경도 이와 함께 막이 올랐다. 그는 혁혁한 공을 세운 덕분에 나라로부터 공로 훈장을 받기도 했고, 구속되기도 했다. 하지만 발명자의 운명과는 상관없이 테레민이라는 악기는 독특한 사운드로 다양한 곡들을 탄생시켰다.

낭만:
인생이 꼬일 땐
음악을 들을 것

**음악이 사랑의 양식이라면,
계속해서 연주하라.**
- 헨리 퍼셀Henry Purcell(1659~1695)

 음악은 우리를 꿈속으로 빠져들게 한다. 음악을 들으면 (적어도 마음으로는) 어디든 떠날 수 있다. 정말 가고 싶은 곳이라면 어디라도 갈 수 있다. 실제로 어딘가로 내 발길을 이끌 때도 있다. 예를 들어 나는 음악을 듣다가 인생 최초로 악기를 사고 싶은 마음이 들어 악기 가게에 들른 적이 있다. 휴가지에서 처음 보는 악기와 조우할 때도 있다. 내 경우는 그 휴가지가 리스본이었다. 그곳에서 처음으로 시가 박스 기타cigar box guitar라는 악기를 만났다. 지금도 그 순간을 생생하게 기억한다.
 이 책의 마지막 장에서는 언제 어디로 훌쩍 떠나든 음악이 늘 함께해야 한다는 점을 강조하고 싶다. 나아가 어쩌다 인생이 꼬이더라도 음악에서 위안을 얻으며 담담히 극복하기 바란다.

음악 애호가를 위한 추천 여행지

여행지에서도 음악과 관련된 흥미진진한 경험을 쌓을 수 있다. 뜻밖의 즐거운 만남 때문에 원래의 여행 목적이 흐려질 수도 있지만, 뭐 어떤가. 뭐든 재미있으면 그만이지! 특히 음악 마니아라면 여행의 목적이 음악 체험이어도 좋다. 이들을 위해 전 세계 곳곳의 재미난 여행지 몇 곳을 추천해 보겠다.

스위스 프리부르의 전자 악기 박물관

작은 장소에서도 큰 경험을 할 수 있다. 스위스의 프리부르는 인구 4만 명도 안 되는 작은 도시지만, 그곳에 가면 수천 대의 신시사이저를 한꺼번에 볼 수 있다. 스위스 전자 악기 박물관SMEM, Swiss Museum Center for Electronic Music Instruments은 건반 악기를 좋아하는 이들에게 천국과도 같은 곳이다. 그곳에는 수많은 신시사이저들이 시대별로 정리되어 있다. 연주실에서 직접 악기를 연주해 볼 수도 있다. 신시사이저는 아주 매력적인 악기다. 건반 하나를 누른 채로 버튼 몇 개를 조작하면 완전히 다른 소리들을 체험할 수 있기 때문이다. 음악 레슨을 받지 않은 사람도 소리의 차이를 쉽게 알 수 있다. 누구나 한번쯤은 시도해 봐야 할 신기한 체험이라 생각한다.

스웨덴 스톡홀름의 아바 박물관

이름부터 구닥다리 같다는 인상을 받는 이들도 있을 것이다. 박물관의 규모도 내가 상상하던 것보다 훨씬 작았다. 하지만 세상에서 가장 유명한 스웨덴 사람들이 한때 착용했던 의상을 눈앞에서 보는 느낌은 남달랐다. 멤버들이 작곡에 전념했던 작업실도 재현해 놓았는데, 그런 대자연이 앞에 펼쳐져 있다면 곡이 절로 써지지 않을까 하는 마음이 들었다. 여유가 된다면 인근의 아바 호텔에서 하룻밤을 지내도 좋다. 비싼 비용을 치르더라도 한번쯤 체험해 볼 가치는 충분하다고 본다.

기왕 스톡홀름에 갔다면 스톡홀름 음악 박물관Stockholm Music Museum을 방문해 보자. 참고로 스톡홀름은 LA와 뉴욕, 런던과 어깨를 나란히 하며 세계 팝 산업을 견인하는 메트로폴리탄이다.

독일 마르크노이키르헨의 악기 박물관

작센주에 위치한 인구 7천 명의 소도시 마르크노이키르헨은 체코와 국경이 맞닿아 있다. 걸어서도 체코로 넘어갈 수 있을 정도로 체코와 가깝다. 그곳에 금관 악기와 현악기, 손가락이나 기타 도구로 줄을 퉁겨 소리를 내는 발현 악기撥絃樂器를 전문으로 하는 악기 박물관이 있다. 공을 들인 티가 확 나는 아주 예쁜 박물관으로, 라이프치히나 베를린을 비롯한 많은 악기 박물관과 마찬가지로 클래식 악기들을 주로 전시하고 있다. 예술 음악과 대중음악을 구분하던 전통 때문에 악기 박물관에도 이런 식의 구분이 생겨난 것인데, 개인적으로는 이런 구시대의 유물은 하루빨리 사라져야 한다고 생각한다.

독일 베를린의 한자 스튜디오

독일의 수도 베를린 땅에 이미 발을 들였다면 포츠담 광장 인근의 전설적인 사운드 스튜디오도 구경하자. 가이드가 전시품을 설명해 주는 해설 투어 서비스도 제공한다. 디페쉬 모드Depeche Mode, 데이비드 보위, 이기 팝Iggy Pop을 비롯해 수많은 월드 스타들이 그곳에서 히트송들을 녹음했다. 한자 스튜디오Hansa Studios 바로 옆에는 유서 깊은 역사와 독특한 공명을 자랑하는 마이스터 홀도 위치해 있다. 그곳에서 박수를 치면 1977년 데이비드 보위가 〈히어로즈Heroes〉를 녹음할 때 경험했던 공명 효과를 몸소 체험할 수 있다.

유네스코가 지정한 음악 도시

뜬금없다는 생각이 들 수도 있겠지만, 잘레강을 끼고 있는 도시 할레에 비틀즈 박물관이 있다. 물론 리버풀에도 비틀즈 스토리라는 이름의 박물관이 있다. 음악의 메카로 손꼽히는 리버풀은 굳이 음악이 아니라도 방문해 볼 만한 가치가 있는 도시다. 본에 있는 베토벤 생가에 가면 천재 음악가가 썼던 가발과 보청기, 자필 메모 등을 관람할 수 있다. 이밖에도 음악 팬들이 관심을 가질 만한 장소는 무궁무진하다. 유네스코는 2004년부터 음악 도시 지정 사업을 시작해 지금까지 꽤 많은 도시들이 음악 도시로 지정되는 영예를 누렸다.

쓰레기는 노래를 싣고

대만에서는 쓰레기 수거 차량이 동네 어귀로 접어드는 순간 베토벤의 〈엘리제를 위하여〉가 울려 퍼진다. 지역에 따라 바다르체프스카Bądarzewska의 〈소녀의 기도〉의 멜로디에 맞춰 쓰레기 봉투를 들고 나가기도 한다. 그럴 때마다 작은 이벤트가 벌어진다. 수거 차량의 도착을 알리는 노랫소리가 들리면 쓰레기를 버리려는 시민들이 하나둘 몰려든다. 폐기물 관리법도 매우 엄격하다. 일반 쓰레기와 재활용 대상 쓰레기 등을 정해진 규칙에 따라 분리해서 버려야 한다.

아시아의 작은 섬나라 대만은 한때 쓰레기 매립장 부족으로 큰 곤란을 겪었다. 이에 당국은 국민 모두가 솔선수범해서 폐기물을 철저히 분리해 버리고 이를 통해 재활용률을 높여야 한다고 목소리를 높였다. 그러던 중 관련 부처 장관 한 명이 〈엘리제를 위하여〉를 틀어서 시민들에게 쓰레기 수거 차량의 도착을 알리자는 아이디어를 냈다. 피아노를 배우는 딸이 치던 곡을 듣다가 문득 떠오른 아이디어였는데, 그렇게 하면 시민들의 스트레스를 조금이나마 덜 수 있으리라 생각한 것이다. 이후 대만의 쓰레기 수거 차량은 마치 이동식 아이스크림 판매 트럭처럼 먼 곳에서부터 '풍악을 울리며' 도착을 알리게 되었다. 아이스크림 트럭은 무언가를 '떨어뜨려 주고' 가는 데 반해 쓰레기 차량은 무언가를 '주워 담아' 간다는 차이만 있을 뿐이다. 이제 대만 사람들은 〈엘리제를 위하여〉를 듣자마자 쓰레기 봉투부터 떠올리게 되었다. 베토벤이 이 사실을 알면 곱슬머리를 쥐어뜯지 않을까?

대만에서 쓰레기 버리기 의식은 저녁부터 자정 사이에 치러진다. 직장인들이 퇴근 후 집에 돌아와 있을 법한 시간대를 고른 것이다. 지역에 따라 쓰레기차가 하루에 세 번씩 오기도 한다. 트럭은 정해진 지점에 도착한 뒤 잠시 정차해서 시민들이 나오기를 기다린다. 동작이 굼뜬 이들은 전속력으로 질주하며 '막판 스퍼트'를 내거나 이미 출발한 트럭의 꽁무니를 따라 달려야 한다. 이국적인 진풍경으로 볼 수도 있지만, 어드벤처 영화의 아찔한 장면처럼 때로 위험한 광경이 펼쳐지기도 한다. 그러거나 말거나 '쓰레기 OST 차량'은 아무도 기다려주지 않는다!

불완전함에의 용기

음악은 우리에게 불완전해도 된다는 용기를 심어준다. 완벽함을 요구하는 시대에 불완전할 용기를 갖는다는 게 말처럼 쉬운 일이 아니다. 현대인은 대부분 화려한 경력, 원만한 인간관계, 수려한 외모 등 모든 게 완벽해야 한다는 강박에 시달리고 있다. 필터 기능이나 포토샵 없이 어딘가에 내 사진을 올리는 일은 상상조차 할 수 없다. 그렇게 하는 사람도 더러 있지만, 그렇게 하지 못하는 이들이 훨씬 더 많다. 하지만 완벽한 사람은 아무도 없다. 모든 일을 흠잡을 데 없이 처리할 수도 없고, 누구나 감탄할 만한 외모를 모두가 지닐 수도 없다. 사람의 개성은 오히려 정해진 틀에서 벗어날 때 빛난다.

음악도 그렇다. 스윙이나 그루브는 흔히 듣던 리듬과 미세하게 다르기 때문에 더 흥이 나고 멋지다. 디지털 프로그램으로 비트나 드럼 소리를 만들고 여기에 사람이 직접 친 베이스 기타 소리를 입힌 덕분에 더 쿨하게 느껴지는 음악도 많다.

재즈에서는 몇몇 음을 일부러 살짝 비틀기도 한다. 세 번째 음(미)과 일곱 번째 음(시)을 반음 낮춰 연주하는 블루 노트 음계blue note scale가 대표적이다. 이렇게 하면 서양 음악에서 일반적으로 들을 수 있는 12음 음계와는 또 다른, 미묘하고 독특한 디테일을 느낄 수 있다. 가수나 성악가의 음정도 백 퍼센트 정확하지 않기 때문에 더 큰 감동을 주기도 한다.

음악과 함께하는 삶

내가 '팝 음악과 미디어'를 공부하고 있다고 말할 때마다 "그걸 공부해서 뭐하게?"라는 질문을 많이 들었다. 이제는 그 답을 찾았다. 내가 그 길을 택한 이유는 행복을 찾기 위해서였다. 인문학이나 음악을 전공하는 학생들에게 "그걸로 먹고살 수 있겠어?"라고 묻는 사람이 많은데, 물어볼 만하니 물어보는 것이라 생각한다. 하지만 '목구멍이 포도청'보다 더 중대한 질문이 있다. "음악 없이 살 수 있겠어?"가 바로 그것이다. 음악은 인류가 멸망하지 않고 살아남은 이유 중 하나이기도 하다. 음악만큼 우리에게 큰 즐거움을 주면서 아무런 부작용도 남기지 않는 건 없다. 예컨대 초콜릿을 먹어도 행복해지기는 한다. 하지만 매일 두 판씩 먹으면 건강에 심각한 문제가 발생할 수 있다. 이에 반해 앨범은 매일 두 장을 들어도 이상이 오지 않는다.

음악은 아직 의사들의 처방전 목록에 오르지 못하고 있다. 하지만 우리가 직접 처방할 수는 있다. 자신에게 악기 하나를 선물해 보자. 샤워 부스에서 열창을 해보자. 굳이 물세례가 없어도 된다. 목욕탕 특유의 울림만으로도 충분히 도취될 수 있다. 여기서 한 발짝 더 나아가 취약 계층 어린이들의 음악 교육을 지원하는 학원이나 단체를 후원한다면 그보다 더 멋진 일은 없을 것이다.

쓸모 있는 음악책

초판 1쇄 발행 2022년 2월 21일
초판 9쇄 발행 2024년 9월 5일

지은이 마르쿠스 헨리크
옮긴이 강희진
펴낸이 권미경
편집장 이소영
편집 이정주
마케팅 심지훈, 강소연, 김재이
디자인 THISCOVER
펴낸곳 (주)웨일북
출판등록 2015년 10월 12일 제2015-000316호
주소 서울시 마포구 토정로47 서일빌딩 701호
전화 02-322-7187 **팩스** 02-337-8187
메일 sea@whalebook.co.kr **인스타그램** instagram.com/whalebooks

ⓒ 마르쿠스 헨리크, 2022
ISBN 979-11-92097-11-4 (03180)

소중한 원고를 보내주세요.
좋은 저자에게서 좋은 책이 나온다는 믿음으로, 항상 진심을 다해 구하겠습니다.